AF596274

RECUEIL

DES ECRITS

QUI ont été faits ſur le différend d'entre Meſſieurs les Pairs de France, & Meſſieurs les Préſidens au Mortier du Parlement de Paris, pour la maniere d'opiner aux Lits de Juſtice.

Avec l'Arrêt donné par le Roi en ſon Conſeil en faveur de Meſſieurs les Pairs.

A PARIS,

M. DCC. LXXI.

AVERTISSEMENT.

CES Mémoires très-curieux étant devenus extrêmement rares, on à cru faire plaisir au Public de les réimprimer, surtout dans les circonstances présentes. Le Public, en lisant le premier Mémoire des Présidens du Parlement, sera surpris d'y voir cette assertion que *le Parlement de Paris est improprement appelé la Cour des Pairs.* Mais le Philosophe ne le sera pas. Il sçait que les hommes changent suivant les circonstances. En 1664, il y avoit un différent entre les Pairs & les Présidens du Parlement, sur le rang d'opiner dans les Lits de Justice; les Pairs prétendoient devoir opiner avant les Présidens, & comme la dénomination de Cour des Pairs dont le Parlement de Paris porte le nom depuis long-tems, pouvoit être favorable à la prétention des Pairs, les Présidens dans un Mémoire approuvé par toutes les Chambres assemblées, soutinrent que c'étoit improprement que l'on appeloit le Parlement la *Cour des Pairs*; langage bien différent de celui qu'on a tenu depuis 1752.

LETTRE
D'UN DUC ET PAIR
DE FRANCE*
A UN AUTRE DUC ET PAIR
DE SES AMIS.

Je n'eusse pas différé si long-temps, Monsieur, à satisfaire la juste curiosité que vous avez de voir les Ecrits qui ont été donnés au Roi, de part & d'autre, sur notre différend avec Messieurs les Présidens, touchant l'honneur d'opiner les premiers au lit de Justice, si j'eusse plutôt eu toutes les pieces de ce celebre procès. Mais l'on n'a pu recouvrer leur dernier Mémoire que quelques jours après le jugement contradictoire que le Roi en a donné sur la fin du mois passé: Et Messieurs nos Confreres ayant jugé à propos de faire imprimer tous ces Mémoires avec l'Arrêt de Sa Majesté, afin d'en avoir tous plus facilement des copies, & en pouvoir faire part à leurs amis, j'ai cru devoir attendre cette impression, dans la créance que vous aimeriez beaucoup mieux les avoir plus tard imprimés que de les avoir quelques jours plutôt avec mille fautes de Copiste.

* Le Duc de Luynes.

Vous avez été témoin, Monsieur, qu'ayant tous resolu ici d'un commun accord de ne pas laisser plus long-temps jouir Mrs. les Présidens d'un droit qui nous appartenoit légitimement, & dont nous avions été en possession durant plusieurs siecles, nous voulûmes néanmoins garder en cette poursuite toutes les mesures de civilité, d'honnêteté & de bienséance, en n'y faisant aucun pas que nous ne leur en eussions fait parler. Vous sçavez qui furent ceux de nos Confreres qui se chargerent d'en faire compliment aux Présidens de leurs amis; Et vous savez que cette honnêteté au lieu de les porter à rendre aux Pairs en cette rencontre la justice qu'ils doivent à tout le monde, ne servit qu'à leur donner le temps de prendre leurs devants les premiers, & de ramasser la plupart des Registres qui leur étoient favorables, pour les faire voir à Sa Majesté.

Ainsi les Pairs qui avoient laissé perdre beaucoup de temps en ces démarches de civilité, se trouvant pressés par le jour que le Roi devoit aller au Parlement pour le Traité de Lorraine, ne purent que lui présenter à la hâte leur premier Mémoire, qui étoit trop court, & trop peu prouvé, pour détruire en si peu de temps dans l'esprit du Roi tous les exemples contraires qu'on lui avoit produits dans les Registres. C'est pourquoi il ne faut pas s'étonner si Sa Majesté voulut remettre après ce Lit de Justice, à examiner l'affaire plus à fonds, nous déclarant cependant que tout ce qui se passeroit dorénavant ne tireroit point à conséquence.

Les Pairs néanmoins qui se trouverent à cette Séance, ayant pris leur temps que M. le Chancelier demandoit les avis à Messieurs les Princes, s'en approcherent pour opiner; ensorte que lorsque M. le Chancelier voulut revenir à eux, après être descendu aux Présidens, ils lui dirent qu'ils avoient déja opiné, & ne voulant plus le faire.

Vous avez bien su, Monsieur, que depuis cela nous ne crûmes pas qu'il fût à propos d'importuner le Roi pour le jugement de ce différend, jusques à ce que la rencontre d'un Lit de Justice nous en fît naître l'occasion. Comme néanmoins nous craignîmes d'être surpris à l'avenir, ainsi que nous l'a-

vions déja une fois été, nous nous resolûmes de faire dresser un Mémoire ou Requête pour présenter à Sa Majesté, aussitôt que nous serions avertis qu'elle voudroit aller au Parlement. Et c'est le second Mémoire, qui est ci-après, qu'un d'entre nous fut chargé par MM. nos Confreres de dresser en peu de paroles.

Comme vous ne vous êtes point trouvé à Paris depuis que nous avons reparlé au Roi sur cette affaire, je vous dirai, Monsieur, *qu'avant que S. M. allat au Parlement pour la réception des derniers Ducs & Pairs, un de nous lui représenta pour tous les autres nos intérêts, afin de sçavoir comment il lui plairoit que nous en usassions en cette rencontre. Le Roi lui fit l'honneur de lui répondre, qu'il retourneroit quinze jours après au Parlement, qu'avant cela il décideroit la chose, & que cependant il ne se passeroit rien à notre préjudice en cette Séance.*

Quelques jours après deux des anciens Pairs présenterent au Roi le Mémoire ou Requête dont nous venons de parler, que S. M. reçut favorablement; mais ayant témoigné qu'elle fut signée, nous nous assemblâmes pour executer cet ordre, & trois des anciens Pairs Laïcques, & un des Ecclésiastiques, furent nommés pour la mettre entre les mains de Sa Majesté.

MM. les Présidens voyant que le Roi ne s'etoit pas contenté d'un Mémoire particulier que M. le Premier Président lui avoit d'abord donné, mais en avoit demandé un autre en forme de la part de tous; il s'aviserent, pour engager tout le Parlement en une cause qui leur étoit particuliere, & y donner plus de considération & plus de poids, d'assembler les Chambres pour y faire résoudre la chose par une commune délibération; & en firent encore de même lorsqu'il falut relire leur Mémoire pour l'approuver. Ils y firent même entrer les Gens du Roi, qui y avoient encore moins d'intérêt, & l'ayant fait signer du Tillet, *M. le Premier Président le présenta à Sa Majesté.*

Toutes ces longueurs Monsieur, *qui paroissoient un*

peu affectées par MM. les Présidens, pour avoir le temps de voir notre Requête, eurent l'effet qu'ils en désiroient. Car encore que selon l'ordre établi par Sa Majesté, ces deux premiers Mémoires dussent être communiqués aux Parties en un même jour, ainsi que M. le Chancelier le fit en forme quelques jours après, nous prîmes si peu de soins de tenir le notre secret, que même nous en donnâmes des copies à plusieurs personnes. De sorte que les Présidens eurent l'avantage de le voir, avant que de donner au Roi leur premier Mémoire, & d'y répondre en plusieurs endroits.

Les premiers Mémoires ayant été donnés réciproquement aux Parties, nous nous assemblâmes pour lire celui des Presidens, pour résoudre la réponse que nous y ferions. L'on nomma quatre Commissaires pour y travailler; sçavoir, un des Pairs Ecclésiastiques, & trois des Laicques; & quinze jours après nous nous rassemblâmes pour relire cette réponse & pour l'approuver.

Les mêmes Commissaires qui y avoient travaillé, après l'avoir fait signer de tous ceux qui étoient ici ou à Saint Germain la présenterent au Roi en ce lieu-là; & quoique le Mémoire des Présidens nous eût obligez à la faire plus longue que nous n'eussions voulu, S. M. se donna néanmoins la patience de se la faire toute lire dès ce jour-là.

MM. les Présidens, qui apparemment espéroient toujours tirer quelque copie de notre dernier Mémoire, ainsi qu'ils avoient fait de notre Requête, différoient toujours à donner le leur; mais les Pairs l'ayant tenu fort secret pour suivre l'ordre du Roi; & S. M. ayant fait presser les Présidens, ils eurent recours à une nouvelle adresse; ils assemblerent les Chambres un peu avant la Semaine Sainte, & y firent résoudre des remontrances pour demander au Roi la communication de notre dernier Mémoire, avant que de répondre au premier; sur ce qu'ils alléguoient que nous n'avions pas mis nos principales raisons dans notre premier Mémoire, mais les avions réservés pour nôtre dernier.

Ce prétexte paroissoit plausible, mais Sa Majesté en re-

connut auſſitôt l'illuſion, & vit bien qu'outre que cette demande étoit contre l'ordre qu'elle avoit établi dans la procédure de cette affaire, cela l'eût jeté en des longueurs infinies. Ainſi le Roi n'ayant pas jugé à propos de leur accorder cette communication, il ordonna aux Préſidens de lui donner au plutôt la réponſe qu'il devoit faire à nôtre Requête.

Les Reflexions qui ſont à la fin de toutes ces pieces, & qui ont été faites par un de nos amis que vous connoiſſez, ſont voir clairement l'équité de la conduite du Roi en cette rencontre.

Après que MM. les Préſidens eurent préſenté au Roi leur dernier Mémoire, ce qu'on m'a dit ne s'être fait que depuis Pâques, S. M. qui avoit déja lu avec ſoin les quatre Mémoires, ne voulut pas juger ſeul le différend; mais elle aſſembla pour cet effet un Conſeil extraordinaire, où ſe trouva toute la Maiſon Royale avec pluſieurs Conſeillers d'Etat. Le Roi y fit lire tout du long tous ces Mémoires, & après avoir témoigné qu'il déſiroit que chacun y dît ſes ſentimens avec liberté, tous opinerent fort au long, & j'ai appris qu'il n'y eut pas une ſeule voix contre nous.

Le Roi ayant fait ſavoir l'Arrêt à MM. les Préſidens peu de jours après, il le fit exécuter en ſa préſence par M. le Chancelier, qui dans le Lit de Juſtice du 29 Avril dernier, prit l'avis des Pairs avant que de deſcendre pour prendre celui des Préſidens.

Monſieur le Chancelier donna le même jour l'Arrêt au Greffier du Parlement pour l'enregiſtrer: Et ainſi l'affaire fut heureuſement terminée en nôtre faveur. Je ſuis, &c.

A Paris ce 25 Mai 1664.

MEMOIRE

MEMOIRE

Présenté au Roi le 26 Février 1662, par Messieurs les Pairs de France, touchant leur droit d'opiner immédiatement après le Roi & les Princes du Sang aux Lits de Justice.

LORSQUE les Rois ont tenu leurs Lits de Justice au Parlement, il est constant que les Pairs y ont toujours opiné les premiers après les Princes du Sang, & avant tous les Officiers du Parlement. Et ce n'a été qu'en 1610, que le Chancelier de Sillery au Lit de Justice du feu Roi Louis XIII, après la mort de Henri IV, *introduisit un ordre non encore usité*, (ce sont les propres termes du Garde des Sceaux de Marillac,) (a) en prenant les avis des Présidens au Mortier, avant que de le demander aux Princes du Sang & aux Pairs.

Mais six ans après, savoir au Lit de Justice tenu en 1616, l'ancien ordre fut rétabli, le Garde des Sceaux du Vair ayant pris l'avis des Pairs Laïcs & Ecclésiastiques avant celui des Présidens.

En 1621, le Registre du Parlement porte que les Pairs opinerent aussi les premiers.

En 1633, le Garde des Sceaux fit observer le même ordre à l'avantage des Pairs.

(*a*) *Traité des Chanceliers*. Ce manuscrit existe ; Godefroy en a fait imprimer une partie dans son histoire des Chanceliers, d'ou ceci est tiré.

Le surplus est tiré des Registres du Parlement, & des Mémoires qu'ont laissés les Maîtres des Cérémonies.

Au Lit de Juſtice de votre Majeſté, tenu en 1643, pour la Régence après la mort du feu Roi, tous les Pairs opinerent tout haut avant les Préſidens

Il s'en pourroit encore trouver d'autres exemples ſi l'on avoit eu le temps de les rechercher; de ſorte que ceux qu'on peut alléguer au contraire, ne ſauroient détruire un droit ſi conſtamment établi depuis tant de ſiecles, & qui eſt fondé ſur l'inſtitution même du Parlement, qui eſt la *Cour des Pairs*, & duquel tous les Officiers ne ſont appelés par de celebres Auteurs François, que les *Aſſeſſeurs*.

Que ſi les Préſidens au Mortier ont l'avantage d'opiner les premiers dans les Aſſemblées ordinaires, c'eſt parce qu'ils ne ſont tous qu'un Chef qui y préſide & qui repréſente la perſonne du Roi abſent : mais quand Sa Majeſté y eſt préſente, alors ils ne peuvent plus prétendre de le repréſenter & de préſider, ni par conſéquent d'avoir les mêmes honneurs. Et c'eſt alors que paroît viſiblement la différence entre les Pairs & eux, puiſqu'ils ſont placés en bas avec tout le reſte du Parlement, & qu'ils y parlent premierement le genouil en terre, puis debout & découverts; au lieu que les Pairs ſont aux hauts ſieges à côté du Roi, & en ſuite des Princes du Sang, & que le Roi leur fait l'honneur de les faire parler aſſis & couverts : Ce qui joint à pluſieurs autres raiſons très-conſidérables leur fait eſperer que votre Majeſté aura la bonté d'ordonner qu'ils opineront toujours immédiatement après les Princes du Sang, ſans qu'un ordre ſi juſte & ſi légitime puiſſe être jamais troublé à l'avenir.

SECOND MÉMOIRE DE MESSIEURS LES PAIRS DE FRANCE.

AU ROI.

SIRE,

Les Pairs de France ſupplient très-humblement votre Majeſté de conſidérer que la nouvelle prétention qu'ont formée depuis quelque tems Meſſieurs les Préſidens au Mortier, d'opiner avant eux aux lits de Juſtice, ne peut avoir que deux fondemens; l'un eſt la préſeance qu'ils ont ſur les Pairs dans les aſſemblées ordinaires du Parlement; & l'autre, la poſſeſſion où ils prétendent être depuis 1610 d'opiner avant eux aux lits de Juſtice.

Mais il eſt facile de faire connoître à V. M. la foibleſſe de ces deux raiſons, s'il lui plaît de remarquer touchant la premiere, que la conſéquence que l'on en tireroit contre nous dans les ſéances des lits de Juſtice ne ſeroit pas moins déſavantageuſe à Meſſieurs les Princes du Sang, & à Monſeigneur le Dauphin même; puiſque les Préſidens au Mortier ont la préſéance ſur eux auſſi bien que ſur les autres Pairs, dans les aſſemblées ordinaires du Parlement: parce que les Préſidens au Mortier, prétendant ne faire tous enſemble qu'un ſeul Corps qui repréſente le Roi lorſqu'il eſt abſent; ce n'eſt qu'en cette qualité qu'ils préſident, & qu'ils opinent en un rang plus honorable que nous. Mais quand V. M. y est présente en personne, lors ils cessent de la représenter & de présider; & c'est Elle même qui les préside aussi bien que le reste de l'Assemblée, étant accompagné de ses Pairs, qui sont ses premiers Conseillers, & les principaux membres du Corps politique dont elle est le Chef, & qui n'en peuvent jamais être séparés par qui que ce soit. Et c'est ce qui est visiblement marqué par l'ordre de la séance aux lits de Justice, où les Rois ont voulu que les Pairs fussent placés à leur côté aux hauts siéges, & qu'ils y parlassent en leur présence assis & couverts; au lieu que les Présidens au Mortier sont aux bas siéges avec le Parlement, & qu'ils n'y parlent que debout & découverts.

L'on ne peut donc, SIRE, faire opiner les Présidens entre les Princes du Sang & les Pairs, & les Pairs entre les Présidens & le reste du Parlement, sans troubler l'ordre des séances, qui en toutes sortes d'Assemblées regle toujours celui d'opiner, ainsi que tous les autres honneurs; ni sans séparer par un renversement inoui, & le Roi d'avec ses Pairs, & les Présidens d'avec le reste du Parlement.

Quant à la prétendue possession dont il se veulent prévaloir, elle est, SIRE, si nouvelle, si abusive, & s'est trouvée si souvent interrompue, qu'elle ne leur peut acquérir aucun droit légitime, contre le droit ancien & inviolable des Pairs, qui n'a jamais été contesté durant tant de siécles, & qui nonobstant toutes les atteintes qu'on s'est éfforcé de lui donner dans le commencement du régne du feu Roi en quelques lits de Justice, y a toujours été maintenu en plusieurs autres, jusqu'à celui de votre Majesté.

Car il est constant, SIRE, que depuis l'établissement du Parlement en l'état qu'il est, lequel est bien postérieur à celui des Pairs, il ne se trouve pas un seul exemple où les Présidens au Mortier, lors même qu'il n'y en avoit que deux ou trois, ayent jamais eu la pensée d'opiner avant les Pairs. Mais l'on voit au contraire par les Regiſtres du Parlement dans tous les Lits de Juſtice, où la circonſtance de recueillir les voix a été marquée, que les Pairs y ont toujours opiné les premiers, comme au Lit de Juſtice de François I, en 1536, de Henri II, en 1549, de Charles IX, en 1563, de Henri III, en 1581 & en 1583, de Henri IV, en 1597, & ainſi de tous les autres juſques au Règne de Louis XIII, en 1610, où Monſieur le Garde des Sceaux de Marillac en ſon Traité des Chanceliers, rapporte que Monſieur le Chancelier de Sillery, *introduiſit un Ordre non encore uſité*, (ce ſont ſes propres termes) en prenant l'avis des Préſidens avant celui des Princes du Sang & des Ducs & Pairs: ce qui apparemment ne ſe fit alors que pour favoriſer les Préſidens dans la fâcheuſe conjoncture de la mort de Henri IV & de la Minorité de Louis XIII, où l'on croyoit avoir beſoin du Parlement. Et en effet, l'on voit que ſix ans après dans la Relation du Lit de Juſtice en 1616, le Roi étant Majeur, l'ordre ancien fut rétabli par Monſieur le Garde des Sceaux du Vair, qui prit l'avis des Pairs avant celui des Préſidens: quoique dans les Regiſtres du Parlement qui parlent de cette Séance, l'on ait tâché d'embrouiller la choſe, en diſant que l'on prit l'avis de la Reine & de *tous*. Ce qui eſt une circonſtance ſur laquelle nous ſupplions très-humblement V. M. de faire réflexion, pour juger s'il n'y a pas lieu de ſoupçonner ces Regiſtres, qui ſe dreſſent avec la participation des Préſidens, de les avoir auſſi favoriſés en d'autres rencontres de cette nature.

En effet, Sire, on voit par les Regiſtres de Meſſieurs Saintot, qui par le devoir de leurs charges, étant obligés de remarquer exactement toutes ces choſes, ſont les plus fidèles témoins de ce qui s'y paſſe, que dans les Lits de Juſtice des 18 Mars 1622 & 15 Janvier 1629, les Regiſtres du Parlement rapportent l'ordre ſelon lequel on y opina à l'avantage des Présidens, & autrement qu'il ne se pratiqua en cette rencontre. Car dans la Relation de Messieurs Saintot, où il est parlé de ce Lit de Justice du 18 Mars 1622, il est écrit à la marge. « Nota, » qu'au procès verbal enregistré au Parlement en Juin » 1622, de ce qui se passa à ce Lit de Justice, où les » opinions furent reçues par Monsieur le Chancelier de » Sillery, l'ordre a été *perverti & transposé* par le Com- » mis du Greffe qui l'a dressé, pour ne pas interrompre » la possession des Présidens, d'opiner immédiatement » après le Roi, où il est porté que l'on prit leurs avis avant » celui de Messieurs les Princes de Condé & de Soissons, » & des Ducs & Pairs, *cela se trouvant faux*. Car il » monta au Roi, puis prit l'avis des Cardinaux, & après » celui des Princes & Ducs & Pairs & Maréchaux de » France, & descendit pour prendre celui des Présidens. » Ce sont les propres paroles écrites à la marge de la Relation de Messieurs Saintot.

Et dans le Lit de Justice du 15 Janvier 1629, l'on voit aussi par ces mêmes Mémoires de Messieurs Saintot, le contraire de ce qui est porté dans les Registres du Parlement sur ce sujet; « sçavoir que Monsieur le Garde des « Sceaux du Vair, ayant reçu la volonté du Roi, prit » l'avis des Cardinaux & des Ducs & Pairs & Maréchaux » de France qui étoient après eux, & descendit aux Pré- » sidens, lesquels ayant été d'avis de faire quelque re- » montrance sur l'Edit, Monsieur le Garde des Sceaux » retourna encore aux opinions dans le même ordre; » de sorte qu'en ce seul Lit de Justice, les Pairs opinerent deux fois avant les Présidens.

Cependant, SIRE, nonobstant le peu d'exactitude des Registres du Parlement en ce qui regarde cette circonstance, ainsi qu'il se voit par ces trois exemples; on ne laisse pas de trouver par l'extrait que nous en avons fait tirer fidelement, que depuis cette premiere usurpation de Messieurs les Présidens en 1610, qui a été suivie en quelques Lits de Juſtice, notre droit d'opiner avant eux a été maintenu en pluſieurs autres, comme en 1621, 1633, 1634, 1635, 1641 & en 1643, qui eſt le premier Lit de Juſtice qu'ait tenu V. M. auquel il eſt remarqué, qu'immédiatement après les Princes du Sang, les Pairs opinerent tout haut avant les Préſidens; comme pour montrer par avance dès le commencement de ſon règne l'ordre & le reglement qu'elle y feroit obſerver à l'avenir.

Que ſi après un droit ſi ancien, ſi bien fondé, & qui s'eſt ſi conſtamment maintenu depuis tant de ſiecles juſqu'au regne de V. M. elle daigne faire réflexion ſur la dignité & les prérogatives des Pairs de France, qui, par leur inſtitution, forment la premiere Cour Souveraine de votre Royaume, qui ſont les premiers de l'Etat avant même qu'il y eût des offices de Préſidens, qui ont toujours été nommés, pris ſéance, & opiné avant eux, & de qui le Parlement a tiré le titre le plus glorieux qu'il porte d'être la Cour des Pairs, ce qui ſeul lui donne l'avantage de connoître des affaires importantes qu'il plaît aux Rois lui communiquer, & le met au-deſſus de tous les autres Parlemens de France : Nous ne doutons nullement que V. M. ne faſſe beaucoup de différence entre des charges de robe qui ſont vénales, & les premieres dignités de l'Etat qui ſont perpétuelles dans nos Egliſes, & héréditaires dans nos maiſons par la grace de de V. M. ou des Rois vos prédéceſſeurs.

Auſſi eſt-ce préſentement, Sire, de la bonté de V. M. que les Pairs en attendent la conſervation en cette rencontre, où ils la ſupplient très-humblement de trouver bon qu'ils lui repréſentent encore avec tout le reſpect qui leur eſt poſſible, qu'il y va même de ſon intérêt, que ceux dont elle ſe fait accompagner au Parlement, & qu'elle fait ſeoir à ſes côtés, comme ſes premiers Conſeillers, y jouiſſent auſſi de l'honneur d'y opiner les premiers, ainſi qu'il s'eſt toujours pratiqué, puis qu'autrement il ſembleroit que ſa préſence Royale auroit moins d'autorité & de puiſſance dans ſon lit de Juſtice, que par-tout ailleurs où elle les diſtingue ſi avantageuſement des autres.

Ainsi nous espérons, SIRE, que V. M. qui fait toutes choses par elle-même & par la seule vue de l'équité & de la justice, ne s'arrêtant pas aux considérations particulieres, qui ont porté les Ministres à en user autrement en quelques rencontres sous le Regne du feu Roi, & le bas âge de V. M. ne considérera maintenant que la justice du droit ancien des Pairs de votre Royaume; & qu'Elle aura la bonté de l'affermir pour toujours par un Reglement autentique qui le mette en état de ne pouvoir plus jamais être contesté.

Présenté au Roi par Messieurs les Pairs le Janvier 1664, & signé par ceux qui se sont trouvés à Paris.

L'EVÊQUE ET DUC DE LAON.
L'EVÊQUE ET DUC DE LANGRES.
L'EVÊQUE ET COMTE DE NOYON.
LE DUC DE GUYSE.
LE DUC D'UZEZ.
LE DUC D'ELBEUF.
LE DUC DE SULLY.
LE DUC DE LUYNES.
LE DUC DE LESDIGUIERES.
LE DUC DE BRISSAC.
LE DUC DE RICHELIEU.
LE DUC DE SAINT-SIMON.
LE DUC D'ESTRÉES.
LE DUC DE GRAMMONT.
LE DUC DE VILLEROY.
LE DUC DE MORTEMAR.
LE DUC DE CREQUY.
LE DUC DE S. AIGNAN.
LE DUC DE RANDAN.
LE DUC DE TRESMES.
LE DUC DE NOAILLES.

MÉMOIRE

PREMIER MÉMOIRE

De Meſſieurs les Préſidents au Mortier, intitulé :

*MÉMOIRE de ce qui s'eſt obſervé dans les Lits de Juſtice & Séances des Rois au Parlement, à l'égard de l'opinion des **Ducs & Pairs**, extrait des Regiſtres de Parlement.*

Il eſt vrai que de tout tems les Pairs ont eu leur entrée, ſéance & voix délibérative dans le Parlement, & même y avoient anciennement preſque toute l'autorité : & comme ils étoient de très-grands Seigneurs, & par leurs naiſſances & par les états qu'ils poſſédoient, ils ſe donnoient une telle puiſſance dans le Parlement, qu'ils étoient maîtres abſolus de la Juſtice, principalement en ce qui les regardoit.

Ils vinrent juſques à ce point, que d'établir comme une règle & une maxime d'Etat que les ſeuls Pairs pouvoient juger des cauſes des Pairs, & que le Roi même n'en pouvoit être juge ; mais bien davantage, ils prétendoient qu'il n'y avoit que les Pairs ſeuls qui puſſent donner une aſſignation valable en jugement à un Pair de France, & qu'aucun Sergent Royal ni autre Officier du Roi n'avoit droit de le faire, ni de prendre aucune connoiſſance de ce qui les concerne.

Par ces entrepriſes ils établiſſoient inſenſiblement dans la Monarchie une Ariſtocratie indépendante de la Royauté, & s'élevoient au-deſſus du Roi même.

C'eſt ce qui obligea les Rois de changer avec grande prudence la forme ancienne de ce Parlement, ſans en diminuer ni le pouvoir, ni la dignité, en le rendant ſédentaire, & y établiſſant des Officiers qui dépendiſſent entiérement des Rois, & qui recevant leurs charges & toute leur autorité de la main du Roi, n'euſſent point d'autre vue que de conſerver & relever l'autorité Royale.

Et ce Parlement, que quelques-uns appelloient improprement *la Cour des Pairs*, à cauſe de la puiſſance qu'ils y avoient alors, a repris, depuis cet établiſſement, des Officiers du Roi, ſon ancien & véritable nom qui eſt de la *Cour de France* & de la *Cour du Roi*, comme il eſt porté par les Lettres de confirmation du Roi Charles V, octroyées aux Préſidents & Conſeillers y dénommés pour tenir ledit Parlement, du 28 Avril 1364. Ce qui ſe voit encore par le Teſtament de Jean de Popaincourt du 15 Mai 1403 enregiſtré dans le Parlement, par lequel il prend qualité de premier Préſident pour le Roi en ſon Parlement de Paris.

Il eſt vrai que les Pairs ont entrée & Séance dans le Parlement, pour y avoir leur voix délibérative comme Conſeillers, mais non pour y préſider; ne pouvant en aucun cas, depuis ce changement ſi utile & ſi néceſſaire, y avoir ce droit: les Rois ayant pour cet effet établi des Préſidens pour cette Compagnie, pour y tenir toujours un rang & fonction ſupérieurs aux Pairs, toutes les fois que cette Compagnie ſeroit aſſemblée pour quelque matiere que ce ſoit.

C'eſt par ce moyen que l'autorité des Pairs a été réduite dans les bornes légitimes, pour ce qui regarde le Parlement, & celle du Roi établie entiérement au-deſſus d'eux, non-ſeulement en la perſonne de Sa Majeſté, mais encore en celle de ſes Officiers.

Ainſi les Pairs qui ſont à préſent, n'ont pas ſujet de ſe plaindre, de ce qu'ils trouvent les Préſidents en poſſeſſion de les précéder dans l'aſſemblée du Parlement, puiſque les Préſidens n'y ont été établis que pour y précéder ces anciens & véritables Pairs que ceux-ci repréſentent.

La ſuite du tems a montré combien cet établiſſement

étoit utile & néceſſaire pour réprimer cette puiſſance des Pairs, qui alloit au-delà de tout ce qui ſe peut ſupporter dans un Etat Monarchique.

Et même depuis que le Parlement a reçu cette forme, & qu'il a été ſédentaire, il a été bien néceſſaire que les officiers du Roi, qui ſont les Préſidens & Conſeillers, s'oppoſaſſent en pluſieurs occaſions aux entrepriſes des Pairs, qui vouloient toujours s'arroger dans le Parlement la même autorité qu'ils y avoient uſurpée dans les premiers tems, aux dépens même de l'autorité Royale.

A peine une longue ſuite de tems & un continuel exercice des Officiers du Roi ont pu réduire les choſes dans l'état qu'elles ont été depuis deux ſiecles, & les Ducs & Pairs faiſoient toujours ce qu'ils pouvoient dans ces commencemens pour diminuer l'autorité du Roi & de ſes Officiers dans le Parlement.

On voit même par les Regiſtres, que les Pairs appelés au jugement de Jean de Montfort, Duc de Bretagne, ſoutinrent qu'à eux-ſeuls en appartenoit le jugement, & que le Roi Charles V n'en pouvoit pas être le juge.

La choſe alla encore plus loin au procès du Roi de Navarre en 1386, où le Duc de Bourgogne, comme Doyen des Pairs, & portant la parole pour eux, eut la hardieſſe de ſoutenir en face à Charles VI, qu'à eux ſeuls appartenoit la connoiſſance & déciſion de toute cette affaire, & que le Roi n'en pouvoit pas connoître: Et enfin ces Pairs obligerent le Roi de leur donner Lettres, qu'en aſſiſtant au procès, il ne prétendoit point acquérir aucun droit de juger les Pairs, ni diminuer les droits & prérogatives des Pairs pour raiſon de ce, & ils dirent hautement en plein Parlement, & en préſence du Roi, que ſi on ne leur accordoit ces lettres ils ſe retireroient.

Les Rois n'ont pas trouvé de meilleur moyen pour réprimer l'excès de cette puiſſance, qu'en relevant celle des Officiers du Parlement, & les mettant au-deſſus des Pairs, en tout ce qui concerne la fonction de leurs charges & les aſſemblées du Parlement.

C'eſt pour ce ſujet que les Rois ont donné les marques mêmes de la Royauté aux Préſidens, qui ont particuliérement l'honneur de repréſenter leurs perſonnes en tout ce qui regarde leurs fonctions ; car l'habit qu'ils portent encore à préſent, eſt l'ancien habit des Rois.

En quoi il eſt extrêmement à conſidérer qu'ils portent cet habit, non-ſeulement dans les Audiences, où ils repréſentent la perſonne du Roi, mais encore toutes les fois que le Roi eſt préſent, pour montrer que leur dignité & leur rang ne diminuent point en préſence du Roi.

Car ſi ce que les Ducs & Pairs diſent (que le Roi étant préſent n'eſt repréſenté par perſonne, & qu'ainſi les Préſidens perdent en ſa préſence ce rang & prérogative, que la ſeule repréſentation leur donne) avoit lieu, il s'enſuivroit que les Préſidens ne devroient pas porter cet habit en préſence du Roi, & puiſqu'ils le portent, ils doivent auſſi conſerver le même rang qu'ils ont quand le Roi n'y eſt pas préſent.

Le droit des Préſidens étant ainſi établi, leur poſſeſſion ne l'eſt pas moins

Les Séances dans le Parlement, le Roi y étant, ont été long-tems fort différentes & ſans aucune forme certaine; quelquefois les Préſidens & les Conſeillers ont été aſſis aux hauts ſieges du côté du Roi, ainſi qu'il ſe voit en la Séance de Louis XII en ſon Parlement le 16 Décembre 1504, & même les ſieurs Préſidens ont été aſſis devant Meſſieurs les Ducs d'Alençon & de Vendôme, Pairs, ainſi qu'il ſe voit dans les trois Séances de François Premier des dernier Juin 1523 & 8 & 9 Mars enſuivans.

Et remontant encore plus haut, l'on remarque dans les Regiſtres du Parlement, que le 27 Février 1376, l'Arrêt donné contre le Comte de Savoye, le Dauphin de Viennois, & le Marquis de Saluces, fut prononcé en préſence du Roi, & des Ducs de Berry, de Bourbon, & Comte d'Eu par l'un des Préſidens.

Il n'y a gueres plus de cent ans que les Seances ont commencé à ſe regler ; encore étoient-elles fort rares en ce temps-là, & on y remarque beaucoup de diverſités : auſſi lors il n'y avoit que des Princes du Sang, qui fuſſent Pairs de France, & le Connêtable de Montmorenci fut le premier Gentilhomme, qui avec beaucoup de peines obtint cette dignité en 1551.

Mais depuis cinquante ou ſoixante ans, comme elles ont été plus fréquentes, & en plus grand nombre qu'elles n'avoient été, depuis que le Parlement eſt ſédentaire, auſſi on y a obſervé l'ordre beaucoup plus exactement que l'on n'avoit fait auparavant.

On compte trente-trois Seances des Rois au Parlement depuis l'année 1597, & on auroit peine d'en trouver autant dans tout le reſte des Regiſtres, quand même on les chercheroit dès l'établiſſement du Parlement.

De ces trente-trois Seances il y en a vingt-huit, dans leſquelles l'ordre des opinions, & la prérogative à l'égard des Ducs & Pairs, a été conſervé à l'égard des Préſidens.

C'eſt-à-dire, que l'ordre n'a été interrompu que cinq fois, encore ne faut-il pas compter la premiere qui fut en 1621. Car il eſt vrai qu'en cette Seance Monſieur le Chancelier de Sillery alla demander les avis aux Ducs & Pairs, immédiatement après avoir parlé au Roi, & avant que de deſcendre pour prendre ceux des Préſidens, mais les Préſidens s'étant plaints à lui de cette nouveauté, il s'excuſa ſur la goutte qui ne lui permettoit pas de deſcendre, & remonter pluſieurs fois, laquelle indiſpoſition, qui lui duroit il y avoit fort long-temps, ſe juſtifie tant par le Regiſtre de ladite Seance, qui porte que l'un de ſes domeſtiques lui aida à monter à cauſe de ſon indiſpoſition, & le ſoutenoit lorſqu'il parloit au Roi, que par celui du 20 Mars 1620, de la Relation qui avoit été faite par les Députés de la Cour, qui porte que ledit ſieur Chancelier répondant pour le Roi à leurs remontrances, s'étoit aſſis par la permiſſion du Roi à cauſe de ſon indiſpoſition, auſſi cela fut incontinent réparé, & les Préſidens furent rétablis en leur possession dans les Seances suivantes, dont la premiere fut le 18 Mars 1622. Et pour les quatre autres qui sont en 1633, 1634, 1635 & 1646, cette interruption ne vint pas des Ducs & Pairs; mais par une faveur & une considération particuliere qui ne se trouve plus présentement.

C'étoit celle de defunt Monsieur le Cardinal de Richelieu, qui ayant la pensée de ne céder en rien aux Princes du Sang, voulut introduire en 1632, une nouveauté contraire à l'ordre de cette Cérémonie; qui fut que Monsieur le Garde des Sceaux de Châteauneuf, montant vers le Roi la premiere fois, après que l'Avocat du Roi eut pris ses conclusions : Le Cardinal s'avança sous le dais du Roi, & les Princes du Sang s'avancerent à même temps de leur côté, comme pour opiner tous ensemble avec le Roi ; quoique ce ne soit point en ce temps-là que le Roi dit sa volonté sur l'affaire : Monsieur le Chancelier ou Monsieur le Garde des Sceaux n'y allant lors, que pour savoir si Sa Majesté a agréable qu'il aille prendre les avis de toute la Compagnie, parce que, où le Roi est, on n'opine que lorsque Sa Majesté en a donné l'ordre, & le Roi même ne dit jamais son sentiment d'abord, parce qu'on ne peut, & on ne doit pas délibérer en sa présence, qu'après qu'il a fait entendre sa volonté.

Aussi le Roi ne dit son avis que quand M. le Chancelier après avoir recueilli les suffrages de la Compagnie en va rendre compte au Roi, vers lequel il remonte pour la seconde fois.

Ainsi c'étoit confondre l'ordre de prétendre que le Roi opinât d'abord, pour trouver moyen de distinguer les Cardinaux, & dire que les Princes du Sang, & les Cardinaux opinent ensemble avec le Roi ; & Monsieur le Garde des Sceaux se porta d'autant plutôt à faciliter cette nouveauté, que dans l'acte de cette même Seance il en voulut introduire une autre en son particulier, en ce qu'il prétendit que lorsqu'il arrivoit dans la Chambre du Parlement, les Préſidens ſe devoient lever, ce qui fut par eux refuſé; & néanmoins cette nouveauté dans les opinions dont ſe plaignoient les Préſidens, étoit ſur le ſujet des Princes, & Cardinaux ſeulement: car à l'égard des Ducs & Pairs, il eſt certain que dans cette même Seance, Monſieur le Garde des Sceaux prit l'avis des Préſidens avant les Ducs ſuivant l'ordre accoutumé, & leur ancienne poſſeſſion.

Monſieur le Cardinal de Richelieu indigné de cette plainte, fit enſorte que les autres fois que le Roi eſt venu au Parlement pendant ſon Miniſtere, c'eſt-à-dire quatre fois, ſavoir en 1633, 1634, 1635 & 1641, non-ſeulement il continuât à dire ſon avis avec le Roi, mais encore que l'on ôtât aux Préſidens la Poſſeſſion dont ils avoient joui ſi long-temps, en faiſant opiner les Ducs & Pairs les premiers.

Ce qui picqua encore plus Monſieur le Cardinal de Richelieu dans cette occaſion, fut qu'il voulut croiſer les Préſidens en paſſant dans le Parquet, avant que le Roi fût arrivé, quoiqu'il n'y ait que les Princes du Sang, qui en uſent de la ſorte: & Monſieur le Premier Préſident s'y étant oppoſé, la Compagnie obligea Monſieur le Cardinal de Richelieu de prendre le chemin ordinaire par la lanterne pour aller à ſa place; & même qu'en l'an 1633, y ayant alors fort peu de temps qu'il avoit fait ériger ſa terre de Richelieu en Duché & Pairie, il étoit bien aiſe d'introduire cette nouveauté en ſa faveur & de ſes ſucceſſeurs Ducs de Richelieu. Ainſi tout ce qui a été fait auſdites quatre Seances ne peut être tiré à conſéquence contre les Préſidens, auſquels la poſſeſſion a été rendue, auſſitôt que le Roi eſt venu à la Couronne, & ils l'ont toujours conſervée depuis, en toutes les Séances qui ont été tenues, ſoit en ſon lit de Juſtice ou autrement, qui ſont au nombre de ſeize, dont il y en a douze depuis la Majorité du Roi, & onze durant la Majorité du Roi Louis XIII.

Cet uſage a été ſi bien obſervé, que même lorſqu'il a plu au Roi tenir ſon Lit de Juſtice au Louvre le 22 Octobre 1652, on en a uſé de la même maniere.

Enfin il a plu au Roi de prononcer lui-même la provision en faveur des Présidens, lors du dernier lit de Justice, qui fut le 27 Février 1662.

Et ce droit peut d'autant moins être contesté aux Présidens du Parlement de Paris, qui est le premier Parlement & la premiere Compagnie du Royaume, que dans les autres Parlemens on en a usé ainsi; & le Roi Louis XIII, six ans après sa Majorité séant une fois au Parlement de Rouen le 11 Juillet 1620, & une autre fois au Parlement de Bordeaux le 28 Septembre ensuivant, les Présidens opinerent avant les Ducs.

On ne sait pas quelles sont les raisons des Ducs & Pairs contre un droit si légitime & une si longue possession; mais comme ils en parlent, ils traitent cette affaire toute d'une autre maniere qu'elle n'est en effet; car en cela il n'est question ni de rang, ni de pas, ni de préeminence, ni de la dignité de Duc & Pair en général.

Il est question seulement de sçavoir si quand le Roi est présent, ils peuvent ôter aux Présidens l'honneur & l'avantage qu'ils conservent toujours dans le Parlement où ils sont les premiers Officiers du Roi.

Quand même les Ducs & Pairs seroient encore au même état qu'étoient les véritables Ducs de Bourgogne, d'Aquitaine & de Normandie; quoique par la Déclaration du Roi du 3 Avril 1582, vérifiée en la Cour le 9 Avril audit an, l'on ait fait distinction de ceux créés depuis le règne de Henri Second, d'avec ceux créés auparavant, la cause des Présidens seroit toute aussi bonne qu'elle est, parce que ce n'est pas d'eux-mêmes qu'ils tiennent cette prérogative, mais c'est du Roi, qu'ils ont l'honneur de representer tous les jours dans le même lieu & dans cette propre fonction.

C'est la différence qu'il y a entre les dignités héréditaires qui subsistent d'elles mêmes, qui passent dans les Familles, & qui ne representent que ce qu'elles sont en effet; comme les Duchés & Pairies, ausquelles on peut dire

dire en quelque façon que le Roi n'a de part que lorsqu'il les donne, & les charges des Officiers qui prennent leur force, leur fonction, leur appui & toute leur subsistance de l'autorité Royale, & qui ne sont rien que sous le nom du Roi.

Car, à proprement parler, ces charges sont plus au Roi qu'à ceux qui les exercent; & l'autorité de ses Officiers ne peut être diminuée ni augmentée, que cette diminution ou augmentation ne regarde entierement l'autorité Royale.

Aussi l'on a souvent vu que dans les temps fâcheux & déréglés, les grands Seigneurs du Royaume ont voulu s'élever au-dessus des Officiers du Roi, même en ce qui concerne la fonction de leurs charges; croyant que diminuant l'autorité Royale qui est entre les mains des Officiers, ils augmenteroient leur propre puissance.

Mais l'on n'a jamais vu, ni oui dire, que dans un Etat aussi heureux, & aussi affermi que celui dont nous jouissons présentement, où le nom du Roi est en vénération à tout le monde, le pouvoir & les avantages ordinaires de ses Officiers, principalement en ce qui regarde leurs fonctions, & dans leur propre Tribunal, puisse recevoir de la diminution.

Car il est bien certain que les Présidens ne peuvent perdre dans le Palais même, ce droit & cette possession si bien établis, sans que le Parlement souffre une dépression dans cette autorité que le Roi lui a donnée, & qu'il doit d'autant plus soutenir qu'il n'est établi que pour la conserver.

Et pour ce qui regarde les Ducs & Pairs, la continuation de cette possession ne les blesse en aucune maniere, cela n'apporte aucun préjudice à leurs véritables prérogatives, & ils n'ont pas plus de sujet de se plaindre, s'ils sont précédés par les Présidens dans un Lit de Justice qui se tient au Parlement, qu'ils en ont de ce que les Maréchaux de France, qui ont un rang moindre que le leur, leur commandent dans les armées.

On pourroit peut-être dire, que le rang que tiennent

les Préſidens dans toutes les autres fonctions où ils précedent les Ducs & Pairs, vient de ce qu'ils ont l'honneur de repreſenter le Roi; ce qui n'a pas lieu dans les Lits de Juſtice, où le Roi étant préſent, n'eſt repreſenté par perſonne. Mais au contraire, il eſt bien important pour l'autorité du Roi, que même en ſa préſence il y ait outre ſa perſonne ſacrée, toujours quelque choſe de la Royauté, interpoſée entre lui & ce qui eſt de plus grand après lui dans l'Etat: en ſorte qu'il ne ſoit pas ſeulement élevé au-deſſus de tous ſes ſujets, mais auſſi, que ſon ombre (s'il faut ainſi dire) & ſa repreſentation qui réſide toujours en cette Compagnie, faſſe une différence entre ſa Majeſté & tout le reſte de ſes ſujets, quelque élévation qu'ils puiſſent avoir d'ailleurs.

Et de plus, les Officiers du Roi & ſa premiere Compagnie ne doivent jamais perdre leur rang, ni diminuer de conſidération en ſa préſence; puis qu'au contraire c'eſt de ſa propre perſonne qu'ils tiennent tout leur rang & leur conſidération.

Et d'ailleurs, l'exemple des Maréchaux de France qui commandent aux Ducs & Pairs dans les armées, repond encore à cette objection: car ce commandement & cette prérogative leur eſt conſervée, quand le Roi eſt préſent à l'armée, auſſi bien que lors qu'il ne s'y trouve pas.

Les Ducs & Pairs ne peuvent pas auſſi tirer conſéquence de l'ordre de leur Séance, en ce qu'ils ſont aſſis aux hauts ſiéges; car cela ne tire point à conſéquence pour l'ordre des opinions; puiſque Monſieur le Chancelier, qui préſide à cette cérémonie, eſt aſſis au bas auſſi bien que les Préſidens, leſquels même ſe ſont trouvés quelquefois aux hauts ſiéges, ainſi qu'il eſt remarqué ci-deſſus.

Mais ou les Ducs & Pairs font partie du Parlement en ces Lits de Juſtice, ou ils font un corps ſéparé: s'ils en font partie, ils ne peuvent prétendre de précéder les Préſidens, n'y ayant jamais perſonne dans un Corps, qui précede ceux qui y préſident dans l'action même où ils font partie de ce Corps. Auſſi les Ducs & Pairs prêtent en termes exprès le ſerment de Conſeiller en Cour Souveraine, c'eſt-à-dire, au Parlement; & ce ſeroit une contradiction manifeſte qu'un Conſeiller d'une Compagnie précedât ceux qui y préſident.

Que s'ils font un Corps ſéparé, ils ne peuvent en aucune maniere précéder le Corps du Parlement, qui eſt le premier de tous les Corps de l'Etat, qui n'eſt jamais précédé de perſonne, qui eſt même ſupérieur aux Etats généraux, lorſqu'ils ſont aſſemblés, & qui ne peut jamais être ſéparé du Roi par qui que ce ſoit, comme l'on voit aux proceſſions générales, aux obſeques des Rois, & à toutes les grandes cérémonies. C'eſt pourquoi le Parlement ne fait point partie des Etats généraux, & n'eſt d'aucun des trois Corps qui les compoſent, parce qu'il eſt ſéparé de tout le reſte des ſujets du Roi, qui forment leurs Corps d'eux-mêmes: le Parlement, au contraire, eſt immédiatement attaché à la Royauté, ſans laquelle il ne compoſe aucun Corps ni Communauté.

Enfin il n'y a perſonne plus interreſſé à conſerver cette prééminence du Parlement, ſur tout le reſte de l'Etat, que le Roi même; parceque le rang, le pouvoir & l'autorité du Parlement appartiennent au Roi, & ne ſont autre choſe que le pouvoir & l'autorité Royale; puiſque le Parlement n'a rien de lui-même indépendamment de la Royauté, & que toute ſa force eſt en ce qu'il repreſente le Roi, & exerce ſon autorité; en ſorte que le Roi conſervant les prérogatives du Parlement, conſerve auſſi les ſiennes propres. Il n'en eſt pas de même des Ducs & Pairs & autres Grands du Royaume, leſquels, quoique dépendans toujours du Roi comme le reſte de tous ſes ſujets, ne laiſſent pas de prétendre d'avoir leur établiſſement & leur rang attaché à leur naiſſance, & à des dignités héréditaires, & non point ſeulement comme Officiers du Roi, & exerçant l'autorité Royale.

Le 15 Mai 1610.

La Cour séant aux Augustins, le Roi Louis XIII[1] *séant en son Parlement, Monsieur le Chancelier a monté au Roi, reçu sa volonté, puis descendu, pris l'avis de Messieurs les Présidens, & remonté, pris celui des Princes, Ducs & Pairs.*

Le 2 Octobre 1614.

Le Roi Louis XIII séant, Monsieur le Chancelier a monté au Roi, pris sa volonté, par après redescendu, pris l'avis de Messieurs les Présidens, remonté, celui de la Reine, Princes, Ducs & Pairs & Officiers de la Couronne, après des Cardinaux; & descendu, des Maîtres des Requêtes & Conseillers de la Cour: & est à remarquer que dans cette Séance, les Ducs & Pairs tant Ecclésiastiques qu'autres, formerent diverses contestations; sçavoir, les Ecclésiastiques pour la préséance contre Messieurs les Cardinaux non Pairs, & tous les Ducs & Pairs contre Monsieur le Chancelier, pour aller saluer le Roi & lui faire l'hommage avant Monsieur le Chancelier; mais nulle contestation de la part desdits Ducs & Pairs contre les Présidens, pour la prérogative des opinions.

Le 7 Septembre 1616.

En a été usé comme l'on avoit coûtume, & les Présidens y sont nommés avant les Ducs & Pairs, comme en tous les autres Lits de Justice, où ils ont opiné dans ce même rang.

Du 12 Mars 1619.

Monsieur le Chancelier a monté au Roi, pris sa volonté, descendu, pris l'avis de Messieurs les Présidens par après; & remonté, celui des Cardinaux; après des Princes & Offi-

[1] C'est sans sujet que les Ducs & Pairs ont voulu dire que les Registres ne peuvent être tirés à conséquence contre eux, parce que le Parlement en étant le maître, il n'y met que ce qui est à son avantage; car outre que jamais personne n'a douté de la fidélité de ce dépôt public, tout ce qui fait pour les Ducs y est inséré, aussi-bien que ce qui leur est contraire. Mais de plus, ce n'est ni le premier Président, ni les autres Présidens qui signent les Registres des Séances du Roi au Parlement, ce sont les Chanceliers.

ciers de la Couronne; & dans le Parquet, de Messieurs les Maîtres des Requêtes & Conseillers.

Du 18 Février 1620.

Monsieur le Garde des Sceaux est monté au Roi, pris sa volonté, descendu à Messieurs les Présidens, pris leur avis, & remonté, celui des Princes & Cardinaux, redescendu, des Maîtres des Requêtes, Conseillers d'Etat & Conseillers de la Cour.

Du 4 Juillet 1620.

Messieurs les Présidens sont écrits avant Messieurs les Duc d'Anjou, Prince de Condé & Ducs de Guise, de Vantadour, de Montbazon & de Luynes, comme ils avoient été écrits au précédent Lit de Justice, auquel leur avis avoit été pris avant celui des Princes, Ducs & Pairs.

Du 18 Mars 1622.

Monsieur le Chancelier a fait la revérence au Roi, pris sa volonté; &, après l'avis de Messieurs les Présidens, seroit remonté, & continué à recueillir les avis des Princes, des Cardinaux, Ducs & Pairs; puis redescendu, pris l'avis de Messieurs les Conseillers d'Etat & Maîtres des Requêtes.

Du 6 Mars 1626.

Monsieur le Chancelier a monté au Roi, reçu sa volonté; descendu, pris l'avis de Messieurs les Présidens; après remonté, celui des Cardinaux, Ducs & Pairs; puis redescendu dans le Parquet, & aussi pris l'avis de Messieurs les Conseillers d'Etat, Maîtres des Requêtes & Conseillers d'icelle.

Du 28 Juin 1627.

Monsieur le Garde des Seaux a monté au Roi, reçu sa volonté, descendu, pris l'avis de Messieurs les Présidens; après remonté, celui des Cardinaux, Ducs & Pairs; puis descendu dans le Parquet, & aussi pris l'avis de Messieurs les Conseillers d'Etat, Maîtres des Requêtes & Conseillers d'icelle.

Du 15 Janvier 1629.

Monsieur le Garde des Sceaux a monté au Roi, reçu sa volonté; descendu, pris l'avis de Messieurs les Présidens;

après remonté, celui des Cardinaux, Ducs & Pairs; puis descendu dans le Parquet, a aussi pris l'avis des Conseillers d'Etat, Maîtres des Requêtes & Conseillers d'icelle.

Du 13 Août 1631.

Monsieur le Garde des Sceaux a monté au Roi, reçu sa volonté; descendu, pris l'avis de Messieurs les Présidens; après remonté, celui des Cardinaux, Ducs & Pairs; puis redescendu dans le Parquet, a aussi pris l'avis de Messieurs les Conseillers d'Etat & Maîtres des Requêtes, & Conseillers d'icelle.

Du 12 Août 1632.

Monsieur le Garde des Sceaux est monté vers le Roi, reçu sa volonté; aussi-tôt se sont approchés concurremment de son Lit de Justice, où il étoit assis sous son Dais, Messieurs les Princes du Sang & Messieurs les Cardinaux pour donner leur avis; & puis M. le Garde des Sceaux ayant descendu pour prendre l'avis de Messieurs les Présidens, Monsieur le premier Président lui a représenté que la forme qu'il tenoit étoit extraordinaire, & que l'ancien ordre étoit d'aller premiérement recevoir la volonté du Roi seul, & de descendre ensuite vers les Présidens, afin de prendre leur avis avant de remonter pour prendre celui de Messieurs les Princes du Sang & celui de Messieurs les Cardinaux: Monsieur le Garde des Sceaux a répondu, que le Roi fait ce qu'il lui plaît; & Monsieur le Premier Président n'a répliqué autre chose, sinon qu'il ne restoit plus rien à dire: De là Monsieur le Garde des Sceaux étant remonté, a pris l'avis de Messieurs les Ducs & Pairs; & après il est descendu dans le Parquet, où il a semblablement pris celui des Conseillers d'Etat, des Maîtres des Requêtes & des Conseillers du Parlement.

Dans cette séance l'on voit que les Présidens ont refusé à Monsieur le Garde des Sceaux de se lever, quand il entre dans la Chambre, comme étant la chose seulement dûe à la personne de Monsieur le Chancelier, & non point à M. le Garde des Sceaux.

Du 18 Mai 1641.

[1] *Monſieur le Chancelier ayant monté au Roi, retourné en ſa place ordinaire, demandé les avis. Monſieur le Duc d'Orléans eſt d'avis de, &c. Le Prince de Conti eſt de même avis, l'Evêque de Beauvais, Pair de France, les autres Princes, Ducs & Pairs & Maréchaux de France de même avis : Monſieur le Chancelier demande l'avis de Meſſieurs du Parlement, & ceux de Meſsieurs du Conſeil, qui étoient préſens, & enſuite de Meſsieurs les Préſidens les derniers.*

Du 7 Septembre 1645

Monſieur le Chancelier monta au Roi, reçut ſa volonté, prit l'avis de la Reine Régente, de Monſieur le Duc d'Orléans, Prince de Condé & Cardinaux ; deſcendit, prit l'avis de Meſſieurs les Préſidens ; après remonté, celui des Ducs & Pairs, &c.

Le 15 Janvier 1648.

Monſieur le Chancelier monte au Roi, reçoit ſa volonté, prend l'avis de la Reine Régente, de Monſieur le Duc d'Orléans, Prince de Conty & Cardinal ; & deſcendu, prend l'avis de Meſsieurs les Préſidens ; après remonté, celui des Ducs & Pairs & Maréchaux de France.

Du 31 Juillet 1648.

Monſieur le Chancelier monte au Roi, reçoit ſa volonté, prend l'avis de la Reine Régente, de Monſieur le Duc d'Orléans, Prince de Conty & Cardinal; & deſcendu, prend l'avis de Meſsieurs les Préſidens ; après remonté, celui des Ducs & Pairs & Maréchaux de France.

Du 7 Septembre 1651.

Monſieur le Chancelier a monté au Roi, reçu ſa volonté, pris l'avis de la Reine, de Monſieur le Duc d'Orléans & du Prince de Conty ; deſcendu, pris l'avis de Meſsieurs les

[1] On opina dans cette ſéance de la même maniere que le Parlement opine, lorſqu'il eſt au Conſeil, c'eſt-a-dire, ſans ſe lever, & chacun étant en ſa place, & lors c'eſt l'avantage d'opiner les derniers, ainſi que firent les Préſidens, & ils le font toujours au Parlement quand on n'opine point debout & à la maniere des Audiences.

Préſidens ; après remonté, celui des Ducs Eccléſiaſtiques ; & enſuite des Ducs & Pairs & Maréchaux de France.

Du 22 Octobre 1652.

Au Louvre M. le Chancelier s'eſt levé, retourné vers la perſonne du Roi, qui auroit fait approcher Monſieur & déclarer ſa volonté ; deſcendu, prendre l'avis de Meſſieurs les Préſidens ; remonté, celui des Ducs & Pairs & Maréchaux de France ; deſcendu, celui des Maîtres des Requêtes, Conſeillers, &c.

Du 12 Novembre 1652.

Monſieur le Chancelier a monté & parlé au Roi, reçu ſa volonté, pris l'avis de Monſieur le Duc d'Anjou ; deſcendu, pris l'avis de Meſsieurs les Préſidens ; après remonté, celui des Ducs & Pairs & Maréchaux de France.

Du 31 Décembre 1652.

Monſieur le Chancelier s'étant levé, retourné vers le Roi qui auroit fait approcher Monſieur & déclaré ſa volonté, ſeroit deſcendu prendre l'avis de l'Archevêque de Rheims, & enſuite des Ducs & Pairs & Maréchaux de France.

Du 19 Janvier, 21, 22 & 23 Mars 1654.

Au procès de Monſieur le Prince, Monſieur le Chancelier étant aſsis demanda l'avis aux Conſeillers après les Rapporteurs, puis aux Ducs & Pairs, enſuite aux Préſidens, ainſi qu'il ſe pratique aux Chambres aſſemblées quand le Roi n'y eſt pas.

Du 20 Mars 1655.

Monſieur le Chancelier s'étant levé, retourné vers la perſonne du Roi, qui auroit déclaré ſa volonté, ſeroit deſcendu ; pris l'avis de Meſſieurs les Préſidens, après remonté, pris l'avis des Ducs & Pairs & Maréchaux de France.

Du 19 Décembre 1657.

Monſieur le Chancelier étant levé, retourné vers la perſonne du Roi qui auroit fait approcher Monſieur le Duc d'Anjou, le Prince de Conty & M. le Cardinal Mazarin, & déclaré ſa volonté ; ſeroit deſcendu pour prendre l'avis de Meſsieurs les Préſidens ; après remonté, pris l'avis des Ducs &

& Pairs & Maréchaux de France, & descendu, pris l'avis de Messieurs les Conseillers, &c.

Du 27 Février 1662.

On en usa comme l'on avoit fait en la précédente du 19 Décembre 1657, le Roi ayant fait sçavoir par la bouche de Monsieur le Chancelier, qu'il entendoit qu'en attendant un Réglement définitif, la Provision demeurât pour les Présidens.

Du 14 Décembre 1663.

Dans la Séance du Roi pour la réception des Pairs, les Présidens opinerent immédiatement avant Monsieur le Chancelier, c'est-à-dire, qu'ils conserverent l'avantage de l'opinion, à l'égard des Ducs & Pairs, ainsi qu'ils avoient fait au Procès de Monsieur le Prince.

III MÉMOIRE

De Messieurs les Pairs, pour servir de réponse au premier Mémoire de Messieurs les Présidens.

REMARQUES sur le Mémoire que Messieurs les Présidens au Mortier ont présenté au Roi, pour appuyer leur prétention d'opiner avant les Pairs, aux Lits de Justice.

CE Mémoire contient trois parties : La premiere est employée à prouver le prétendu droit de Messieurs les Présidens : la seconde, à en établir la possession, & la troisieme, à faire voir qu'il est de l'intérêt du Roi de la maintenir.

REMARQUES

SUR LA PREMIERE PARTIE.

Dans cette premiere Partie on trouve beaucoup de raisonnemens, de probabilités & de conjectures, mais peu de preuves, d'exemples & d'autorités, qui sont les seules choses décisives en ces sortes de matieres.

Pour y faire nos remarques avec moins de confusion, nous la partagerons en sept principaux articles.

Abregé de la premiere partie du Mémoire des Présidens.

1°. Que le Parlement a été établi sédentaire à Paris, pour abbaisser la trop grande puissance des anciens Pairs.

2°. Que depuis cet établissement, le Parlement que quelques-uns appeloient improprement *la Cour des Pairs*, a repris son ancien nom de Cour du Roi & Cour de France.

3°. Que même en la présence du Roi le rang & la dignité des Présidens ne diminue point.

4°. Que si les Pairs sont partie du Parlement, n'étant que Conseillers, ils ne peuvent prétendre de précéder ceux qui y président.

5°. Que si les Pairs en font un Corps séparé, le Parlement, qui est le premier des Corps de l'Etat, les doit précéder.

6°. Que les Pairs nouveaux ne sont pas au même état que les anciens.

7°. Que quand même cela seroit, les Présidens les devroient toujours précéder, parce que leur autorité ne vient pas d'eux-mêmes; mais de ce qu'ils représentent le Roi.

AVANT-DISCOURS.

Avant que de faire nos remarques sur tous ces articles, il est nécessaire d'expliquer d'abord la vraie origine des Parlemens, leur progrès & la part que de tout tems y ont eu les Pairs, parce que cette lumiere servira d'éclaircissement à tout le reste.

Les Historiens & tous les autres Auteurs qui ont écrit de ces antiquités de la France, demeurent d'accord que dès la premiere Race de nos Rois, & tant qu'a duré la seconde, ils convoquoient une fois ou deux l'année des Parlemens; c'est-à-dire, des Assemblées, composées de Prélats & de Ducs & Comtes, qui étoient les premiers de l'Eglise & de la Noblesse, pour y régler les importantes affaires d'Etat, y juger les différends considérables qui se présentoient, y recevoir les plaintes & les appels des juges particuliers des Provinces, & y faire généralement tout ce que les Rois ont fait depuis dans les assemblées d'Etats généraux, & les derniers Parlemens.

Pasquier dans ses recherches.

Vignier du sommaire de l'histoire de France.

Mezeray, Histoire de France.

Pithou des Comtes de Champagne & Brie.

Choppin de la Succession des Pairies en France.

Fauchet des Patrices, Ducs & Comtes.

Loysel de la Pairie de Beauvais.

Dupleix dans son histoire.

Sur la fin de la seconde Race, les Duchés & les Comtés, qui n'étoient auparavant que de simples titres d'Offices & de Gouvernemens de Provinces, étant devenues patrimoniales, réelles & héréditaires; & Hugues Capet, qui étoit parvenu à la Couronne par l'assistance de ces Ducs & Comtes, les ayant confirmés dans leurs Seigneuries, les Seigneurs des six plus grands fiefs qui relevoient immédiatement de la Couronne, se trouverent les premiers & les principaux Chefs de la Noblesse dans l'assemblée de ces Parlemens. Et comme, selon l'usage ancien des Fiefs, ceux qui étoient mouvans immédiatement d'un même Seigneur Suzerain, étoient appellés *Pairs de Fiefs & de Cour*, pour assister leur Seigneur quand il prenoit possession de sa Seigneurie; pour seoir avec lui dans les jugemens des causes du Fief; pour décider les différends des autres vassaux; conseiller leur Seigneurs dans ses affaires, & le servir à la guerre; ces six Princes ou Barons qui jouissoient de ces mêmes droits préférablement à tous les autres Seigneurs du Royaume, prirent aussi l'illustre nom de *Pairs de France*; & les Rois, pour continuer à joindre l'Eglise avec la Noblesse, ayant conferé ce même titre aux six Evêques qui l'ont toujours depuis conservé, cette assemblée d'Etats qui ne s'étoit jusqu'alors appellée que *Parlement*, s'appella aussi depuis, *Cour des Pairs, Cour du Roi* & *Cour de France*. Ce n'est pas que les Rois n'y appellassent aussi d'autres Prélats & d'autres Seigneurs pour y avoir séance & voix délibérative; mais il n'y entroit que ceux que les Rois nommoient pour y assister avec les Pairs à quelque affaire d'importance, comme leurs ajoints & leurs assesseurs : au lieu que tous les Pairs en étoient, avec les Rois, les juges naturels & ordinaires.

Du Tillet des Pairs de France.

Pares Curiæ.

Le Procureur Général de la Guesle.

Comme il y avoit néanmoins des différends de moindre importance qui n'exigeoient pas la présence de ces Pairs, lesquels n'étoient établis que pour le jugement des grandes causes, les Rois choisissoient quelques Seigneurs de leur Cour, & d'autres personnes de capacité & de mérite, pour les décider en des Assemblées ou Parlemens ordinaires qui étoient toujours à leur suite. Mais les procès se multipliant de jour en jour par les appellations des Sentences des Baillifs & Sénéchaux des Provinces, Philippe le Bel, afin de pourvoir à l'expédition de la Justice & au souverain

Pasquier dans ses Recherches.

Harangue du premier Président Guillard au lit de Justice de François I le 24 Juillet 1517.

soulagement de ses sujets [1] qui recevoient beaucoup d'incommodité à la suite de ces Parlemens ambulatoires, déclara en 1302 qu'il vouloit *établir un Parlement qui se tînt à Paris deux fois l'année, savoir aux Octaves de Pâques & de la Toussaints, deux mois chaque fois; un Echiquier à Rouen; de Grands-jours à Troyes, & un Parlement à Toulouse.* Il ordonna par le même Edit que ces Cours de Justice seroient composées moitié de Laïques & moitié d'Ecclésiastiques, nommant pour y tenir le premier lieu ou y présider, deux Prélats & deux Seigneurs de sa Cour [2].

En 1356, le Dauphin Charles V ordonna dans une assemblée d'Etats durant la prison du Roi Jean son pere, que le Parlement qui ne se tenoit que deux fois l'année, par ceux que le Roi nommoit au commencement de chaque séance, se tiendroit dorénavant sans aucune discontinuation. Ce ne fut néanmoins que vers l'an 1400 sous la foiblesse du règne de Charles VI, que les rôles des Officiers ayant cessé d'être envoyés à l'ordinaire au commencement de la tenue des Parlemens, les Officiers ne sçachant à qui s'adresser, se continuerent d'eux-mêmes & devinrent perpétuels.

L'on remarque que ce fut cette continuation du Parlement qui en chassa la Noblesse qui faisoit profession des armes. Car la plupart des Seigneurs & Gentilshommes ne voulant pas, selon qu'en parlent les Auteurs, *changer leurs épées en écritoires*, furent contraints de quitter leurs places à ceux qui ne faisoient pas la même profession. Ce n'est

Pasquier, liv. 2, chap. 3 des Recherches de France.

[1] *Præterea propter commodum subjectorum & expeditionem causarum, proponimus ordinare, quòd duo Parlamenta Parisiis, & duo Scacaria Rotomagensia, & dies Trecenses bis tenebuntur in anno; & quòd Parlamentum apud Tholosam tenebitur, si gentes prædictæ terræ consentiant quod non appelletur à Præsidentibus in Parlamento.* Philippe le Bel, 1302.

[2] Il y ara au Parlement deux Prélats; c'est à savoir, l'Archevêque de Narbonne & l'Evêque de Rennes; & deux Laïcs, c'est à savoir, le Comte de Dreux & le Comte de Bourgogne. Il y ara 13 Clercs & 13 Laïcs sans eux, & seront li 13 Clercs, Messire Guillaume de Naugaret, qui porte le grand scel, le Doyen de Tours, &c. & li 13 Laïcs du Parlement seront li Connestable, Messire Guillaume de Plaisance, &c. *Ibid. Pasquier.*

pas qu'il n'y en demeurât toujours quelques-uns de Nobles, ainsi qu'il paroît par la préférence qu'on leur donnoit dans les élections par-dessus ceux qui ne l'étoient pas ; mais ils cesserent de porter l'épée, & prirent tous de longues robes vers l'an 1400.

Pasquier, *ibid.*

Depuis, la chicane ayant encore multiplié les procès, les Rois ne multiplierent pas seulement dans le Parlement de Paris le nombre des Juges, dont les charges devinrent vénales sous Louis XII & François I, mais établirent aussi pour la commodité de leurs sujets, plusieurs autres Parlemens dans les Provinces, qui diminuerent notablement le ressort de celui de Paris ; mais non la jurisdiction & l'étendue de la Cour des Pairs. Car c'est une distinction si importante à bien remarquer, qu'elle peut servir d'éclaircissement à toutes les difficultés que fait naître le Mémoire, & de décision à toute l'affaire.

Le Parlement peut donc être considéré en deux manieres ; ou simplement comme Parlement de Paris ; ou comme Cour des Pairs & Cour de France. Si on ne le considere que comme Parlement de Paris, il est certain qu'il n'a été institué sédentaire à Paris, ainsi que les autres Parlemens l'ont depuis été, que pour juger les procès des Particuliers, les appels des Juges subalternes, les causes des Pairs, & autres semblables, de même que faisoient souvent les Parlemens appellés Ambulatoires, même sans le Roi & sans les Pairs. Les Auteurs qui en ont écrit en conviennent tous ; mais ces paroles de l'Edit de Philippe le Bel en 1302, suffisent pour le prouver ; *Pour l'expédition des causes & la commodité de ses sujets.* Et en effet, il parle dans le même Edit de l'Eschiquier de Rouen, des Grands Jours de Troies, & du Parlement de Toulouse, qui assurément n'étoient pas des Jurisdictions instituées pour juger des grandes affaires d'Etat.

Propter expeditionem causarum, & commodum subjectorum.

Le Chancelier Olivier dans la harangue qu'il fit en 1549, en présence de Henri II dans le Parlement, dit que le Roi Jean, qui vint à la Couronne quarante ou cinquante ans après l'institution du Parlement sédentaire, *limita sa jurisdiction, ordonnant qu'il connoîtroit seulement des causes des Pairs de France*, & autres causes particulieres qu'il nomme ensuite. Et il ajoute : *Et dessors ne furent aucunes matieres d'Etat traitées à la Cour, sinon par commission speciale ; ainsi se mêla la Cour du fait de la Justice seulement, selon les termes de l'Ordonnance du Roi Jean.*

Mais le témoignage du premier Président de la Vaquerie, dont l'Auteur de l'histoire des Présidens dit pour un éloge de singuliere vertu : *Qu'il mourut plus riche d'honneur & de réputation que des biens de la fortune*, est si formel, qu'il sera inutile après cela d'en rechercher d'autres. Car répondant au Duc d'Orléans, qui vouloit que le Parlement se mêlât de réprimer les violences prétendues de Madame de Beaujeu, & les contraventions faites par elle & ceux de sa faction, à ce qui avoit été ordonné par les Etats généraux, tenus après la mort de Louis XI, il répondit sagement : *Que la Cour étoit instituée par le Roi pour administrer Justice, & que ceux de la Cour n'avoient point d'administration de guerre, de Finance, ni du fait & gouvernement du Roi, ne de grands Princes ; & que Messieurs de la Cour de Parlement étoient* GENS CLERCS ET LETTRÉS, *pour vacquer & entendre au fait de Justice*. Mais il ajoute : *Que s'il plaisoit au Roi leur commander plus avant, la Cour lui obéiroit ; mais que sans le bon plaisir & commandement du Roi, cela ne se devoit faire.* [1] Ce qui montre clairement, & que le Parlement ne doit connoître par lui-même que des causes particulieres ; & que quand il plaît au Roi, il peut, comme Cour des Pairs, connoître des plus grandes causes.

[1] Michel de l'Hôpital, Chancelier de France, dit que le Roi l'avoit envoyé céans pour prendre conseil & avis sur certaines choses, estimant qu'ils lui sont Conseillers, non seulement pour les procès, mais pour les plus grandes affaires de son Etat, quand il lui plaît les en requérir. *Séance du* 18 *Juin* 1551. Au surplus n'imaginez pas (leur disoit en 1561 Charles IX devenu majeur) en agir avec moi comme jusqu'ici, en entrant indiscrètement dans plusieurs affaires dont la connoissance ne vous appartient pas. Défaites-vous de cette vieille erreur, que vous soyez les tuteurs des Rois & les défenseurs du Royaume.

C'eſt pourquoi ſi l'on conſidere le Parlement comme joint aux Pairs pour les aider dans les jugemens qu'ils font avec les Rois des grandes affaires, ainſi qu'il ſe pratiquoit autrefois dans les anciens Parlemens, c'eſt alors qu'on le pourra proprement appeller la Cour du Roi & la Cour de France, parce que les Pairs étant les Juges naturels avec le Roi, qui eſt leur Chef, de ces grandes cauſes, il eſt certain que le Parlement y étant joint, participera comme Cour des Pairs à leur juriſdiction, qui s'étend par tout le Royaume.

Et cela eſt ſi véritable, que les Pairs ont ſouvent réglé ſans le Corps du Parlement, pluſieurs importantes affaires de l'Etat; & que lors qu'il s'y eſt trouvé, ce n'étoit que pour les aſſiſter en ces jugemens où ils avoient toujours la premiere autorité & le premier lieu.

En 1315, quoique ce fût depuis l'inſtitution du Parlement ſédentaire, pour juger le procès de Robert, Comte de Flandres, les Pairs furent ſeulement aſſiſtés, ainſi qu'il eſt écrit dans cet Acte, *de douze perſonnes, Prélats & autres grands & hauts hommes : c'eſt à ſçavoir, &c...* [1] *élus & mis à ce faire de par le Roi notre Sire avec les Pairs, comme Cour garnie de Pairs, d'eux & d'autres ſages gens : & fut dit par le Roi devant les Pairs, que bonnement ne pouvoit avoir plus de Pairs. Car li Duc de Guyenne s'excuſa, &c.* ſans qu'il ſoit parlé du Parlement en cet Arrêt, par lequel Robert Comte de Flandres fut condamné.

[2] En 1316 ils déciderent à Rheims de la ſucceſſion du Royaume

[1] Révérend Pere l'Archevêque de Rouen, les Evêques de Saint Brioc & de Saint Malo, M. Philippe fils du Roi de France, Comte de la Marche, M. Guy, Comte de S. Paul, M. Gaucher de Chatillon, Comte de Porcien, M. Louis aîné fils du Comte de Clermont, Seigneur de Bourbonnois; M. I. de Clermont, Seigneur de Charolois, M. B. Seigneur de Marevil, & M. Mile, Seigneur de Noyers.

Jugement des Pairs en 1315.

[2] *Antiqua Duciſſa Burgundiæ, appellatione, ut dicebatur, factâ, intimari fecit Paribus qui coronationi intererant, ne in ipſam procederent, donec tractatum eſſet de jure, quod Johanna juvencula puella, Ludovici Regis defuncti primogenita, habebat in regnis Franciæ & Navarræ. Iſtis tamen non obſtantibus,*

Royaume de France & de Navarre, en couronnant le Roi Philippe le Long, frere de Louis Hutin, contre les prétentions de Jeanne, sa fille aînée, & l'intimation que la vieille Duchesse de Bourgogne, sa grand-Mere, leur avoit fait faire de ne point passer outre à ce couronnement, que le différend ne fût terminé.

[1] En la même année le Roi Philippe le Long confirma un Arrêt donné par les Pairs, durant le petit interregne de Louis Hutin & de lui, & prononcé au nom des Pairs, par Gaucher de Chastillon, Comte de Porcien, Connétable de France, & qui avoit pour lors les Sceaux du Roi, où ce Connétable les appelle *no sgrands Seigneurs de France* Et leur Cour *la Cour de France.*

[2] En 1317, le même Roi fit assigner Robert, Comte de Flandres, *à comparoître en sa Cour garnie de Pairs, de Prélats, de Barons & d'autres qu'il appartiendra.* Et cite chacun des Pairs en particulier pour se trouver à ce jugement.

[3] En 1322, un ancien Historien rapporte, *qu'un débat fut mené & disputé devant la personne du Roi Charles, en la Cour des Pairs de France*, pour la succession du Comté de Flandres, lequel fut adjugé à Louis, dit de Gressy, fils du Comte de Nevers.

[4] En 1328, les Pairs adjugerent le Royaume à Philippe

coronationis festum fuit solemniter celebratum, januis civitatis clausis, & armatis ad earum custodiam deputatis, Fragment en parchemin d'un ancien Journal des choses avenues en 1316.

[1] Lettres de confirmation de Philippe le Bel, commençant : *Notum facimus, &c. Datum Parisiis die 20. Februarii 1316.*

[2] Lettres d'ajournement de Philippe le Long, données à Paris le 9 1317.

[3] Histoire de Flandre de Pierre Dondegerst, chap. 147.

[4] Quand le Roi Charles apperçut que mourir lui convenoit, il advisa que s'il advenoit que ce fût une fille (*car il laissoit la Reine sa femme grosse*) que les douze Pairs & hauts Barons de France eussent conseil & avis entr'eux d'en ordonner, & donnassent le Royaume à celui qui avoit le droit par droit. Et peu après la Reine accoucha d'une fille : & adonc les douze Pairs & Barons de France s'assemblerent à Paris au plutôt qu'ils purent, & donnerent le Royaume d'un commun accord à Monsieur Philippe de Valois. *Froissard.*

de Valois, contre les prétentions du Roi d'Angleterre, qui avoit époufé la fœur du Roi Charles le Bel.

Froiffart, 1 vol. chap. 70, 71. [1] En 1340, au procès de Jean de Monfort, Duc de Bretagne, il eft dit, *que le Roi ayant eu Confeil avec fes Pairs*, adjugea par leur avis la Bretagne à Charles de Blois.

Froiffart. [2] En 1368, le Prince de Gales fut ajourné par Charles V, ainfi que parle ce Roi, *en notre Chambre des Pairs*, & confifqua enfuite par leur avis le Duché de Guyenne en 1370, *dans fa Chambre Supérieure*, ainfi qu'il parle.

[3] En 1378, les Pairs furent encore ajournés pour affifter au procès de Jean de Montfort, Duc de Bretagne. [4] *Et pour ce que*, ainfi que parle une ancienne Chronique, *les Pairs n'étoient pas tous préfens, jaçoit qu'ils euffent été ajournés & mandés par le Roi, pour cette caufe, ils s'excufoient par leurs lettres ouvertes, lefquelles furent lues en la préfence de tous.* Ce qui fait voir de quelle confidération y étoit leur affiftance.

[5] La même chofe paroît en 1386, au procès de Charles, Roi de Navarre, Pair de France, & dans une infinité d'autres Lits de Juftice, qu'il feroit trop long d'alleguer ici, où non feulement les Rois ont voulu que les Pairs affiftaffent, mais où le Parlement même a jugé leur préfence toujours néceffaire, ainfi qu'il paroît par la réponfe qu'il fit au Roi Charles VII en 1458. [6] *Que les Pairs devoient*

[1] *Coram nobis in Curia noftra, magno confilio noftro Parium Franciæ, Prælatorum, Baronum, aliorumque fufficienter munitâ.* Arrêt donné à Conflant le 7 Septembre 1341.

[2] *Coram nobis in Curia noftra Superiori.*

[3] Le Roi fit affembler les Pairs, & les manda venir devers lui : plufieurs y vinrent, d'autres non, comme le Comte de Flandres, au jour affigné. Tout le Confeil & les Pairs furent affemblés fort cérémonieufement. Le Roi en perfonne propofa, &c. L'Arrêt du 20 Juillet enfuivant fut donné conforme aux conclufions, affiftant les Pairs, l'Archevêque de Reims, &c. *D'Argentré, liv. 8. chap. 289.*

[4] Extrait de la Chronique de Saint-Denis en la vie de Charles V.

[5] Extrait des Regiftres du Parlement.

[6] Avis du Parlement de Paris du 20 Avril 1458 après Pâques, fur les queftions & difficultés que fait le Roi & dont il a écrit à fa Cour de

être appelés à ces jugemens. Et en effet, ce même Roi voyant qu'il n'avoit pas assez de Pairs au Lit de Justice, qu'il tint à Vandôme, contre le Duc d'Alençon, constitua Pairs par son autorité Royale le Duc de Bourbon, & les Comtes de Foix, de la Marche & d'Eu, pour assister à ce jugement. François I en usa de même en 1527, car voyant que le nombre des Pairs Laïcs n'étoit assez grand, il créa Pair, le Comte de Saint Paul, pour assister à cet Acte seulement.

Mais si la présence des Pairs a été jugée si utile & si nécessaire en ces actions importantes, les Rois n'en ont pas fait le même jugement de la présence du Parlement, puisqu'outre celles que nous avons déjà rapportées, il n'y avoit que quelques députés du Parlement [1] en ce Lit de Justice de 1458, qu'en plusieurs autres rencontres les Rois en ont aussi usé de la même sorte; & que quelquefois ils se sont servis des autres Parlemens, ou d'autres sortes d'Assemblées pour y faire des déclarations de Majorité, & y regler avec les Pairs plusieurs affaires de cette nature.

Séances en 1365, 1366, 1369, 1411.
Déclaration de majorité de Charles IX en 1563 à Rouen.
Lits de Justice dans les autres Parlemens.
Majorité de Charles VI à Paris.

Ces choses étant observées, il sera aisé d'éclaircir toutes les difficultés contenues dans le Mémoire de Messieurs les Présidens.

REMARQUES

SUR LE PREMIER ARTICLE DU MÉMOIRE.

On employe d'abord un long discours à exagerer la trop grande puissance des anciens Pairs dans le Parlement, afin de persuader que c'est ce qui a obligé les Rois à en changer la forme ancienne, en le rendant sédentaire & en y établissant des Présidens pour y tenir toujours un rang &

Parlement par Me Jean Tudert, Maître des Requêtes, &c. Après que les Registres ont sur ce été vus & visités, a semblé à ladite Cour bien assemblée sur ce, & a délibéré ainsi que s'ensuit.

Chronique d'Angleterre de Jean Forestel.

[1] Et vinrent audit lieu de Vandôme par mandement des Conseillers pour le Roi en sa Cour de Parlement, tant Laïques qu'Ecclésiastiques, &c.

une fonction supérieure aux Pairs ; mais il est visible que c'est une pensée toute nouvelle & une conjecture sans fondement.

Harangue de Charles Guillard, premier Président, au lit de Justice de François I en 1527. Harangue du Chancelier Olivier au lit de Justice de Henri II en 1549. Fauchet des Patrices, Ducs & Comtes.

1. Parce que le Roi Philippe le Bel qui a fait cet établissement du Parlement sédentaire est plus croyable, lors qu'il déclare lui-même son dessein, en disant que *c'est pour l'expédition des causes & la commodité de ses sujets* [1], que le Mémoire qui n'en parle que de lui-même & qui n'en peut apporter nulle autorité, puisque tous les Auteurs n'en parlent que selon ce qu'en a dit le premier Philippe le Bel.

2. Parce que la puissance légitime des anciens Pairs, considérés comme tels, ne blessoit nullement dans l'exercice de ses fonctions, la puissance & l'autorité Royale. Car on voit dans les plus anciens jugemens des Pairs, qu'ils se faisoient toujours en la présence du Roi, comme de leur chef naturel. Ainsi dans celui rendu en 1202, contre Jean, Roi d'Angleterre, comme Duc de Normandie & de Guyenne, & Pair de France, pour le meurtre par lui commis en la personne d'Artus, Duc de Bretagne, il est dit que ce Roi *fut ajourné à comparoître en personne pardevant le Roi & les Pairs de France en la Cour de Parlement*, &c. Et ensuite: *après que les informations eurent été venues au Parlement par le Roi & les Pairs de France, fut par Arrêt*, &c. Le jugement rendu sous le même Roi Philippe Auguste, [2] quinze ans après sur l'hommage du Comté de Champagne : celui donné au camp d'Ancenis, [3] contre le Duc de Bretagne, & tous les autres donnés ensuite jusqu'à l'établissement du Parlement sédentaire, marquant tous la même chose, & que les Pairs

Histoire des Présidens.

Histoire de Bretagne d'Alain Bouchart.

[1] Comme la Cour se remplissoit de plus en plus de procès & de pauvres poursuivans qui se consumoient en frais pour attendre un Arrêt définitif, Philippe le Bel considérant cette incommodité, & desirant soulager ses sujets, ordonna que le Parlement se tiendroit deux fois l'an, aux Octaves de Pâques & de la Toussaint, &c.

Mezeray, tom. 1 de Philippe le Bel.

[2] Lettres de Philippe-Auguste données à Melun au mois de Juillet de l'an 1216.

[3] *Datum in castris juxta Ancenix, anno Domini 1230 mense Junio.*

s'assemblant par le commandement du Roi & en sa présence, & n'agissant que sous son nom & par son autorité, ils étoient bien éloignés d'introduire cette *Aristocratie indépendante de la Royauté*, dont le Mémoire les accuse avec si peu de fondement.

Du Tillet des Pairs de France.

Et en effet de toute cette puissance si excessive & de toutes ces entreprises si préjudiciables à la Royauté que l'on exagere si fortement, le Mémoire n'en allegue ici que deux choses. L'une, *que les Pairs devoient être assignés par les Pairs mêmes*. L'autre, *qu'ils ne devoient être jugés que par les Pairs*. Or ces deux prétentions étoient jugées & terminées avant l'établissement du Parlement sédentaire en 1302.

Car pour la premiere qui venoit de Jeanne Comtesse de Flandres, le Roi jugea dans sa Cour des Pairs dès l'an 1224, [1] c'est-à-dire, quatre-vingt ans avant cet établissement, *qu'elle avoit été suffisamment assignée par deux Chevaliers au nom du Roi;* qui est la forme que le celebre du Tillet dit avoir été introduite *pour la révérence due aux Pairs*; & depuis nul d'eux n'a réclamé contre cet ancien jugement, ainsi qu'il paroît dans l'assignation donnée peu après au Comte de Flandres, & dans tous les autres actes semblables.

Quant à l'autre prétention, elle fut formée en 1295, [2] par Guy Comte de Flandres, en conséquence d'un traité fait soixante & dix ans auparavant entre S. Louis & Ferrand, Comte de Flandres, par lequel ce Roi s'obligeoit en cas d'inexécution du Traité, *de lui en faire raison dans*

[1] *Judicatum est in Curia Domini Regis, quòd Comitissa fuerat sufficienter & competenter citata per duos milites, & quòd tenebat, & valebat submonitio per eos facta de Comitissa*. Arrêt donné à Paris en 1224.

[2] Projet d'un traité de paix entre le Roi S. Louis & la Reine Blanche sa mere d'une part; & Ferrand Comte de Flandres, & la Comtesse Jeanne, d'autre. Fait à Melun l'an 1225 au mois d'Avril.

Du Tillet. Celui donné contre Robert d'Artois porte par exprès, que c'est selon la forme du traité de paix, l'observance duquel ne peut être tirée à conséquence.

la Cour des Pairs. Mais outre que c'étoit une convention particuliere entre eux qui ne tiroit point à conſéquence pour les autres Pairs, c'eſt que la Cour des Pairs étant la Cour du Roi même, dont il eſt l'unique Chef, ce n'étoit nullement s'exclure d'en être le Juge, ainſi qu'il s'étoit toujours pratiqué auparavant. Auſſi le Roi jugea dans la même Cour & dans cette même année 1295, contre le Comte de Flandres, ſelon ce qui avoit déja été jugé peu auparavant contre l'Archevêque de Reims, *qu'au Roi ſeul appartenoit de juger quand les Pairs y devoient être appellés.*

Arrêt de 1295 à la Touſſaint contre le Comte de Flandres

Arrêt de l'an 1296 à la Notre-Dame de Septembre contre l'Archevêque de Reims.

Du Tillet.

Ainſi ces deux prétentions ayant été décidées avant l'an 1302, il n'y avoit plus de néceſſité d'y apporter remede par un changement dans le Parlement.

3. Il eſt certain que les Pairs avoient toujours donné des preuves ſi ſignalées de leur fidélité & de leur zele pour la Couronne, & rendu en tous les temps de ſi importans ſervices à cet Etat, qu'il n'étoit nullement de l'intérêt des Rois de donner atteinte à cette éminente dignité qui leur avoit toujours été ſi utile.

Du Tillet.
Mezeray.
Paſquier dans ſes Recherches.

Du Tillet, ainſi que pluſieurs autres Hiſtoriens, remarque que l'établiſſement des Pairs fut le rétabliſſement de la Monarchie. Car les grands Seigneurs étoient alors ſi puiſſans par les grands biens & les grands Etats qu'ils poſſédoient, que les Rois n'avoient pas d'eux-mêmes aſſez de forces pour les réduire quand ils ſortoient de leur devoir : mais ſe trouvant depuis obligés par leur qualité de Pairs à une fidélité particuliere & plus étroite que tous les autres, & à ſe ſoumettre au jugement de leurs Confreres ou Compairs, ainſi qu'on parloit en ce temps-là ; ſi quelqu'un d'eux manquoit envers le Roi à la fidélité qu'il lui avoit ſi ſolemnellement jurée, les autres Pairs ne manquoient pas auſſi-tôt de le condamner. Et comme ils étoient engagés de contribuer de leurs biens, de leurs forces & de leurs perſonnes à l'exécution de leurs jugemens, ils ont fait revenir au Roi les plus belles Provinces de ſon Royaume. C'eſt ainſi que la Normandie, la Guyenne,

& plusieurs autres portions de l'Etat ont été réunies à la Couronne. De sorte qu'il n'y a nulle apparence que les Rois ayent alors voulu ruiner une autorité qui leur étoit si avantageuse.

Le Mémoire a encore moins de raison d'avancer que depuis l'établissement du Parlement sédentaire, les Pairs se soient voulu élever contre l'autorité royale, puisque c'est le temps où nous trouvons des marques plus signalées de leur fidélité, & de leur attachement à la Royauté.

Nous les voyons en 1315, c'est-àdire, douze ou treize ans après l'établissement du Parlement, condamner tous d'une voix en faveur du Roi Louis Hutin, le Comte de Flandres.

Nous les voyons en 1316, mettre la Couronne sur la tête du Roi Philippe le Long, malgré les prétentions qu'avoit sur le Royaume Jeanne fille aînée du Roi Louis Hutin.

Nous les voyons en 1319, refuser de s'engager à ne point servir ce même Roi s'il manquoit à son traité avec les Flamans ; quoique le Pape leur eut conseillé de le faire, & que le Roi même en fût demeuré d'accord, disant que *c'étoit une chose étrange & non accoutumée aux Rois, au lignage, & aux Pairs de France. Ce qui marque*, selon que parle du Tillet, *de quelle fidélité, obéissance & dévotion les Pairs de France sont liés au Roi.*

Nous avons déja rapporté le jugement que les Pairs rendirent en 1328, en faveur du Roi Philippe de Valois pour l'exécution de la Loi Salique, sans lequel la France seroit, il y a plus de trois cent ans, entre les mains des Anglois.

En 1341, ils condamnerent avec le même Roi le Duc de Bretagne.

En 1361, le [1] Roi Jean leur confia la foi de l'exécution

[1] *Et ipsam pacem & tractatum pacis per præsentes juramus, bona fide & per juramentum nostrum nos servaturos, & facere servari pro posse per nostros subditos, &c. Anno 1361 in castro nostro de Sarreyo.* Lettres de l'Evêque de Châlons.

du traité de Bretigni avec le Roi d'Angleterre. [1] Louis XI en fit de même en 1482, dans le traité entre lui, & le Duc Maximilien d'Autriche.

En 1370, ils confisquerent en faveur du sage Roi Charles V, le Duché de Guyenne sur les Anglois.

Et dans ces deux exemples mêmes qu'allégue ici le Mémoire de la prétention que renouvellerent les Pairs en 1378, & 1386, ils ne laisserent pas de juger avec Charles V & Charles VI, le Duc de Bretagne & le Roi de Navarre, ainsi que ces Rois le desiroient, & que le demandoit la Justice & le bien de leur service.

Nous ne parlerons pas des exemples plus récens de la fidélité des Pairs, & des grands services qu'ils ont rendus à l'Etat dans ces derniers temps; puisqu'il suffit de montrer par ce qu'ils ont fait un siecle avant l'établissement du Parlement, & un siecle après, que les Rois n'avoient alors nul sujet de les abaisser.

4. Aussi les Rois ont été si éloignés de cette pensée, que c'est en ce même temps-là qu'ils ont le plus travaillé à relever cette dignité, par les premieres érections des nouvelles Pairies. Car il se trouve par une rencontre bien remarquable, pour faire voir le peu d'apparence de ce que le Mémoire rapporte, que ce même Philippe le Bel, qu'il prétend avoir institué le Parlement sédentaire pour rabaisser l'autorité des anciens Pairs, est le premier qui l'a rétablie, lorsqu'elle commençoit à s'affoiblir par l'extinction des trois anciennes Pairies de Normandie, Toulouse & Champagne. Car n'y ayant plus alors que Bourgogne, Guyenne & Flandres qui subsistassent, ce Roi, pour ne pas laisser éteindre cette dignité, en érigea cinq nouvelles; sçavoir, Alençon, Artois, Bretagne, Valois & Anjou,

[1] Et outre fera le Roi bailler à mondit sieur le Duc & aux Etats de ses pays les lettres & scellés de Messieurs les Princes du Sang subrogés au lieu des Pairs, & de l'Archevêque Duc de Reims, des Evêques & Ducs de Laon & de Langres, & des Evêques & Comtes de Noyon, Châlons & Beauvais, Pairs de France.

quelques

quelques années avant l'établissement qu'il fit du Parlement sédentaire. Et voici la raison qu'il en apporte dans l'érection de celle d'Anjou : [1] *Considérant que le nombre des douze Pairs, qui avoient accoutumé d'être anciennement dans le Royaume, est tellement diminué, que l'ancienne face de notre Etat en paroît défigurée en plusieurs manieres, Nous voulons rétablir l'honneur & la gloire de notre trône royal par l'ornement de ces anciennes dignités.*

Et pour montrer qu'il étoit aussi éloigné de vouloir affoiblir le pouvoir & les droits des Pairs, que d'en diminuer le nombre, il ajoute dans les mêmes Lettres [2], qu'il vouloit que ce Duc d'Anjou *jouît des mêmes droits & prérogatives de Pairie, que le Duc de Bourgogne son Compair.*

Louis le Hutin son fils, qu'on dit avoit exécuté le projet du Parlement sédentaire, qu'avoit formé son pere Philippe, bien loin de le faire au désavatage des Pairs, érigea lui-même en 1315 & 1316, les Comtés de Poitou & de la Marche en Pairie, avec les mêmes prérogatives & privileges que toutes les autres.

Les Rois ses successeurs en ont aussi presque tous érigé de même; mais le Dauphin Charles V, est à remarquer, d'en avoir créé une nouvelle, même durant la prison du Roi Jean son Pere, & de parler ainsi dans les Lettres d'érection qu'il en donna en 1359. *Les Rois pour la conservation & honneur de la Couronne, & pour le conseil & l'aide de la chose publique, ont institué les Pairs qui les assistent ès hauts conseils & de fidélité entr'eux pareille les accompagnent ès vaillans faits d'armes pour la défense d'iceux Rois & Royau-*

Lettres d'érection du Comté de Mâcon en Pairie.

[1] *Considerantes insuper quòd duodecim Parium qui in regno nostro antiquitùs esse solebant, adeò diminutus est numerus, quòd antiquus regni nostri status ex diminutione hujusmodi multipliciter deformatus videatur, &c.* Et un peu après : *Volentes itaque regni nostri solium veterum dignitatum ornatibus reformare.*

[2] *Omnique Paritatis ejusdem quemadmodùm fidelis & dilectus noster Dux Burgundiæ compar ejus jure & prærogativa lætetur.*

Statuentes quòd Comites Pictavienses Pares sint Franciæ, & aliorum Franciæ Parium prærogativis, privilegiis, libertatibus perpetuò gaudeant & utantur.

mes. Et ce qui marque encore bien plus clairement combien les Rois étoient éloignés de cette vaine crainte que l'on veut maintenant donner de la grandeur de la dignité, est l'action du Roi Jean, qui après être sorti de sa prison, fit revivre en 1363 une des anciennes Pairies pour lors éteinte, en donnant le Duché de Bourgogne comme Doyenné des Pairs, à son fils [1] Philippe, dit le Hardi. Il ne fit en cela qu'imiter Philippe de Valois son pere, qui avoit fait revivre trente-deux ans auparavant le Duché de Normandie pour le lui donner.

Il est donc visible que les Rois n'ont pas voulu diminuer les droits & l'autorité des Pairs depuis l'établissement du Parlement sédentaire, non plus qu'ils ne l'avoient pas voulu faire auparavant.

5. Mais après tout, il est sans doute, que si les anciens Pairs étoient à craindre, c'étoit seulement pour les grands biens & les états qu'ils possédoient, & non par leur qualité de Pairs, qui au contraire les obligeoit à une plus grande fidélité envers le Roi. De sorte que c'eût été un foible moyen pour s'opposer à la puissance des Rois d'Angleterre, Ducs de Guyenne, & à celle des Ducs de Bourgogne & Comtes de Flandres, que de faire tenir réglément deux fois l'année un Parlement à Paris. Car outre qu'il n'y avoit presque rien de nouveau en cet établissement de Philippe le Bel en 1302, sinon un temps plus réglé pour la tenue de ces Assemblées, un lieu plus fixe & un nombre plus certain des

[1] *Philippum filium nostrum Ducem, primumque Parem Franciæ facimus & creamus; Volentes quòd tam ipse quàm sui heredes utantur & fruantur perpetuò & pacificé universis & singulis privilegiis, franchisiis, juribus, libertatibus, & prærogativis, quibus usi sunt hactenus, & utuntur cæteri Pares Franciæ, &c.*

Propose le Procureur du Roi, & dit: Comme plus les Pairs de France sont près du Roi, & plus ils sont grands dessous lui, de tant sont ils tenus & plus abstraints de garder les droits & honneur de leur Roi & de la Couronne; & de ce font-ils serment de fidélité plus spéciale que les autres sujets du Roi; & s'ils font ou attentent de faire au contraire, de tant sont-ils plus à punir. *Extrait des Registres du Parlement, 2 Février 1364.*

gens qui les devoient tenir, que dans tous les Parlemens, qui s'étoient tenus plus de cent ans auparavant; il est difficile de s'imaginer quel pouvoit être le pouvoir de ces premiers Maîtres, ainsi qu'on les appeloit en ce temps-la, ou Présidens par commission, qui ne servoient que deux mois durant, & n'étoient pas assurés d'être continués pour une autre tenue de Parlement, contre les puissantes armées des Rois d'Angleterre & les grandes forces de ces autres Princes. Philippe le Bel étoit un Prince trop sage, pour se servir de remedes si disproportionnés au mal qu'il eût eu dessein de guérir; & il agit sans doute avec une conduite bien plus prudente, de se servir des Pairs mêmes qu'il éleva, pour détruire cette puissance étrangere, qui n'étoit point de l'essence de la dignité.

L'histoire des Présidens imprimée en 1645.

REMARQUES

Sur le second Article du Mémoire.

Sur le second article du Mémoire où il est dit, que le Parlement depuis son établissement sédentaire a repris son ancien nom de *Cour du Roi & Cour de France*, au lieu de celui de *Cour des Pairs*, que quelques-uns lui donnoient *improprement*, nous remarquerons qu'il s'ensuivroit de cette maxime, que non seulement tous les Auteurs qui en ont parlé, en ont parlé improprement; mais aussi les Rois, les Chanceliers & les Présidens mêmes du Parlement; puisqu'ils ont tous cru lui faire honneur en l'appelant la *Cour des Pairs*.

Le Jurisconsulte Choppin en aura donc parlé improprement, quand il a dit *que la Cour du Parlement de Paris est* PROPREMENT ET SPECIALEMENT *la Cour des Pairs, comme étant celle en laquelle les Pairs de France ont accoutumé de rendre la Justice, le Roi y séant, & en sa présence, par Lettres Patentes de Charles V.*

Le célèbre du Tillet, [1] Greffier en chef du Parlement; que l'on peut nommer un oracle en cette matiere, & que le Préſident de Thou appelle dans ſon hiſtoire, *moris noſtri & juris Gallici homo peritiſſimus;* l'Avocat Général Paſquier ſi curieux en ſes recherches; Monſieur Pithou; l'ancien hiſtorien Froiſſart, & tous les autres Auteurs & Hiſtoriens qui en ont écrit juſques à celui qui depuis peu a fait imprimer une hiſtoire des Préſidens, en auroient auſſi tous parlé improprement, quand ils ont dit d'une voix commune, que *les Pairs ſont inſtitués pour juger avec le Roi les grandes cauſes dans ſon Parlement, qui pour ce ſujet eſt appelé la Cour des Pairs, & eux les Pairs de la Cour de France, ou les Pairs de France.* Et ce ne ſont pas ſeulement les Auteurs particuliers qui en ont parlé de la ſorte, les Rois eux-mêmes dans leurs Edits vérifiés en Parlement, l'ont auſſi appellé *la Cour des Pairs;* comme entr'autres Louis XI, dans une Déclaration vérifiée en 1463; Henri II, dans deux autres Déclarations, l'une donnée en 1551

[1] En la Cour des Pairs de France. *Du Tillet, chap. des Princes du Sang de France.*

L'ordre des Pairs de France fut inſtitué, pour lequel on appelle le Parlement, Cour des Pairs de France. *Paſquier, chap.* 10, *liv.* 2.

Et d'autant que cela ſe vuidoit en un Parlement, on l'appela Cour des Pairs. *id.*

Les Pairs de France ſont Conſeillers en la Cour de ſon Royaume, qui pour ce eſt appellée la Cour des Pairs. *Pithou, liv. 1 des Comtes de Champagne & Brie.*

Depuis que le Parlement fut fait ſédentaire à Paris, les Pairs étant les premiers du Corps, lui ont laiſſé le nom de la Cour des Pairs. *Dupleix, tome 1.*

Le Prince de Gales fut ajourné à comparoître au Parlement des Pairs. *Et un peu après.* A Paris, en la Chambre des Pairs, &c. *Froiſſart.*

Le lit de Juſtice ne ſe tient le plus ſouvent qu'au Parlement de Paris, qui eſt la Cour des Pairs. *Du Tillet, diſcours ſur la Séance des Rois au Parlement.*

En notre Parlement qui eſt la Cour des Pairs. *Louis XI en 1463.*

Et pour ce eſt notredite Cour du Parlement de Paris appelée la Cour des Pairs, ainſi qu'il eſt notoire.

La Cour Souveraine du Parlement de Paris, qui eſt communément appelée la Cour des Pairs. *Henri II en* 1551.

Ce qui auroit été vérifié en notre Cour des Pairs, & encore en celle de Toulouſe. *Henri IV.* 1597.

En notredite Cour des Pairs, établie à Paris. *Louis XIII.* 1612.

& l'autre en 1552; Henri IV, en des Lettres données en 1597, en faveur du Duc de Montmorency; & Louis XIII en l'érection du Duché de Chevreuse en Pairie en 1612.

Les Présidens & les Chanceliers [1] n'en ont pas non plus parlé d'autre sorte; comme entr'autres le Chancelier Olivier dans la harangue qu'il fit en 1549 dans le Parlement, en présence de Henri II, Christophe de Thou, premier Président du Parlement, dont la mémoire est illustre, dans une assemblée des Chambres en 1563, & le Président Seguier célèbre par sa vertu, en des remontrances qu'il fit de la part du Parlement au Roi Charles IX en 1571. Les Registres même du Parlement en parlent de même, & une infinité d'autres actes.

Quant au testament de Jean de Popincourt, où ce Président se qualifie Président pour le Roi en son Parlement de Paris, il ne dit en cela rien de nouveau, ni qui soit contraire à ce qu'en disent tous les autres. Que si en lui donnant le nom de Parlement de Paris, il lui ôtoit celui de Cour des Pairs, qui seul le distingue de tous les autres Parlemens du Royaume, & lui donne droit de porter celui de *Cour de France* & de *Cour du Roi*, il est certain que ce seroit en parler improprement, & dépouiller ce premier & plus ancien Parlement de France, du plus grand honneur, de l'avantage le plus considérable & du titre le plus

[1] Votre Majesté a bien voulu venir honorer la Compagnie de sa présence, afin de donner autorité à la Justice souveraine du Parlement & à la *Cour des Pairs de France*. 1519.

Cette Cour est *celle des Pairs*, & le Roi ne veut pas que l'Evêque de Noyon soit traité ailleurs que dans cette Cour, comme *Cour des Pairs. Président de Thou* 11 *Septembre* 1563.

Sire, votre Cour de Parlement de Paris est la plus ancienne & premiere Cour de votre Royaume, établie à Paris dès le tems du Roi Louis Hutin: c'est la *Cour des Pairs de France. Président Seguier, Remontrances*, 1571.

Le Cardinal de Tournon a été assis après les Cardinaux de Lorraine & de Châtillon, quoi qu'il fût Doyen des Cardinaux, parce que *c'est la Cour des Pairs. Séance du* 12 *Juin* 1561.

glorieux qu'il puiſſe jamais recevoir. Car on a fait voir que par le ſeul titre de Parlement de Paris, il n'eſt inſtitué que pour le jugement des cauſes ordinaires des ſujets du Roi & autres ſemblables, & n'a nul avantage par deſſus les autres Parlemens, ſinon qu'il eſt le premier, le plus ancien, & dont le reſſort a la plus grande étendue. Mais comme Cour des Pairs, il eſt joint à eux pour être le ſiége ordinaire de la Cour du Roi, pour juger avec lui les plus grandes cauſes, & avoir en ces occaſions importantes en qualité d'aſſeſſeurs des Pairs, une juriſdiction qui s'étende par tout le Royaume; ce que les autres Parlemens n'ont eu qu'en des occaſions extraordinaires & qui ſont plus rares.

Paſquier.

REMARQUES

SUR LE TROISIÉME ARTICLE DU MÉMOIRE.

Le Mémoire voulant prouver qu'en la préſence du Roi, le rang & la dignité des Préſidens ne diminue point, ſe ſert de ces trois raiſons. 1. Qu'ils ne quittent point en la préſence même du Roi les habits qui leur ont été donnés comme les marques de la Royauté, & qui ſont l'ancien habit de nos Rois.

Sur cette premiere raiſon l'on peut remarquer que ſi ces ſortes d'habits avoient été donnés aux Préſidens pour une marque de l'autorité Royale qu'ils repréſentent & qu'ils exercent dans leurs fonctions, les Rois les leur auroient donnés dès leur premier établiſſement. Mais nous avons déjà obſervé que ce n'eſt que depuis l'an 1400 que la Nobleſſe qui faiſoit profeſſion des armes ayant quitté l'exercice de la juſtice, tout le Parlement porta des robes & des habits longs. Auſſi dans les commencemens prirent-ils la robe ſans quitter l'épée, ainſi qu'on voit encore dans la ſépulture de Jacques de Rulli, qui fut fait Préſident en 1403, & étant mort en 1409, fut enterré aux Mathurins, où l'on voit ſa ſtatue l'épée au côté, armé de toutes piéces ſous ſa longue robe.

Paſquier dans ſes Recherches.

Hiſtoire des Préſidens.

Et comme plusieurs de ceux qui ont commencé à porter ces sortes d'habits, étoient des personnes doctes aux lois & dans la jurisprudence, ou *gens Clercs & lettrés*, comme parle le Président de la Vaquerie, ainsi qu'il paroît en un Guy d'Ermenel ou d'Ermenier, qualifié Docteur ès Lois, & Jean Rupion ou Rapiout, Présidens en l'an 1418, dont le dernier fut depuis fait Avocat du Roi au Parlement de Poitiers, tous ceux qui les ont suivis ont porté les mêmes habits, qui outre qu'ils sont des marques de science & de doctrine en ceux qui les portent, ainsi qu'il paroît encore à présent en d'autres bien moindres Corps, ils ont encore quelque chose de majestueux & de grave qui est bien séant à des Magistrats, pour imprimer le respect que l'on doit avoir aux Arrêts souverains qu'ils rendent tous les jours au nom du Roi.

Et en effet, ces mêmes habits des Présidens étoient autrefois communs à tous les Conseillers, ainsi qu'il paroît encore dans un ancien Tableau qui est dans le Palais & dans les comptes des Payeurs de l'an 1475, & 76 & autres, où l'on voit que l'on ne donnoit pour ces robes que *dix livres* aux uns comme aux autres. Outre que ni ces robes rouges, qui sont encore communes à tous les autres Conseillers, ni ces fourures, ni ces grandes toques appelées mortiers, que d'autres gens bien moindres qu'eux portent en quelques rencontres, n'ont rien de semblable, ni pour la couleur, ni pour la figure à l'ancien habit de nos Rois; que les vieux portraits & les histoires témoignent avoir eu la forme d'un grand manteau, lequel n'avoit point de manches & dont la couleur étoit d'un rouge brun, tirant sur le violet ou tanné, parsemé de fleurs de lys. Que si l'on vouloit prendre droit par les habits, il est indubitable que le manteau Ducal & l'habit que les Pairs portent au Sacre, ressemblent bien plus à l'ancien manteau Royal & à l'habit dont les Rois sont revêtus à cette auguste cérémonie; & que les Couronnes Ducales ressemblent bien plus aux Royales, que ces grands Mortiers. Mais comme ce ne sont pas les habits, mais les exemples & les raisons qui décident les différends de cette nature, il faut passer à la seconde raison du second Article.

2. Sur ce que dit le Mémoire, que comme les Maréchaux de France, quoi qu'ayant un moindre rang que les Ducs, leur commandent dans les armées, conservent cette prérogative, même quand le Roi y est présent; de même les Présidens, quoique d'une dignité moindre que les Pairs, les doivent précéder dans le Parlement & en la présence du Roi même: il faut remarquer que cette comparaison n'est fondée que sur une pure équivoque. Car dans l'armée où nulle naissance, nulle dignité & nulle autre considération ne donne rang, l'ordre des commandemens ne dépend que des charges & des commissions que le Roi donne; en sorte que même un Prince du Sang s'il n'y est que volontaire, suivra les ordres d'un Général; ainsi que l'on a vu autrefois le Roi Henri III, lors qu'il n'étoit que Duc d'Anjou, être commandé à la bataille de Saint Denis par le Connétable de Montmorency; & le Dauphin François, fils du Roi François I, au camp d'Avignon. Et de notre temps, Monsieur le Prince sous le nom de Duc d'Anguien, a été volontaire dans les armées, commandées par le Maréchal de la Meilleraye. Et tous ces ordres sont tellement constans & invariables, que la présence du Roi n'y change rien. Mais il n'en est pas de même dans le Parlement: car les Assemblées ordinaires qui s'y tiennent lors que le Roi n'y est point, sont des assemblées toutes différentes de celles où les Pairs assistent, lorsque les Rois y tiennent leurs lits de Justice. Et c'est où consiste l'équivoque de cette comparaison. L'armée, soit que le Roi y soit, ou n'y soit pas, est toujours la même; mais le Parlement, qui en l'absence du Roi n'est occupé qu'à juger les causes ordinaires de son ressort, est tout différent de cette Cour des Pairs, ou Cour de France, que le Roi tient en personne pour juger les grandes causes, & régler les importantes affaires de l'Etat.

Aussi

Auſſi les Rois marquent aſſez cette différence par celle qui a de tout tems été obſervée dans les ſéances des lits de Juſtice. Et il ne ſe faut pas étonner ſi les Pairs y ſont dans un ſi grand luſtre, & ſi élevés au-deſſus du Parlement; puiſque c'eſt proprement alors leur Cour; que tous les autres n'y ſont que comme leurs Adjoints & leurs Aſſeſſeurs, & que c'eſt un renouvellement de ce qui s'eſt toujours pratiqué dans les anciens Parlemens des Pairs. De ſorte que quand leur dignité ne ſeroit pas par-tout ailleurs ſupérieure à celle des Préſidens, ainſi qu'elle eſt en effet, & qu'elle a toujours été, elle le ſeroit ſans difficulté dans tous les lits de Juſtice, qui ſont comme leur propre tribunal où ils exercent avec les Rois leurs illuſtres fonctions depuis 500 ans. Paſquier. Choppin.

3. La troiſiéme raiſon dont le Mémoire ſe ſert pour prouver que les Préſidens doivent conſerver leur autorité en la préſence même du Roi, eſt *qu'il eſt important qu'il y ait outre la perſonne da Roi quelque choſe de la Royauté interpoſé entre lui & le reſte de ſes ſujets, quelque élévation qo'ils puiſſent avoir;* & que ce ſont eux qui ſont *cette ombre & cette repréſentation interpoſée.* Mais cette penſée eſt aſſurément plus ſubtile qu'elle n'eſt ſolide; puiſqu'outre qu'elle tire à conſéquence contre Meſſieurs les Princes du Sang, qui ne doivent rien avoir d'interpoſé entre eux & le Roi, il eſt viſible par la Séance que les Rois ont de tout tems donné aux Pairs aux hauts ſiéges, & ſi près de leurs perſonnes, pendant que les Préſidens demeurent en bas, qu'ils ne ſont point cette ombre interpoſée entre le Roi & les Pairs; mais plutôt, que ſi la Majeſté Royale pouvoit ſouffrir quelque ombre dans la lumiere qu'elle répand ſur tous ſes ſujets, ce ſeroient les Pairs qui la recevant les premiers, empêcheroient qu'elle ne ſe répandît avec tant d'éclat ſur les Préſidens. Et quant à la repréſentation, on n'a jamais oui dire qu'elle fût conſidérable, & encore moins néceſſaire, en la préſence de la choſe même repréſentée.

REMARQUES

Sur le quatrieme Article du Mémoire.

Le quatrieme & le cinquieme article forment un argument que le Mémoire a cru sans réplique, pour prouver que les Présidens doivent toujours précéder les Pairs. Car il y fait cette alternative : *Ou les Pairs*, dit-il, *sont partie du Parlement, où ils en sont un corps séparé. S'ils en sont partie, n'étant que Conseillers, ainsi qu'ils en font serment, ils ne peuvent prétendre de précéder ceux qui président dans l'action même où ils sont partie de ce corps.*

Sur la premiere partie de cet argument, on peut faire plusieurs remarques. 1. Que ce n'est pas une conséquence nécessaire que ceux qui président, précédent toujours les autres dans les assemblées mêmes où ils président ; puisque l'on voit qu'au Conseil Privé du Roi les Chanceliers qui y president y ont quelquefois été précédés par des Princes du Sang & des Connestables qui ne faisoient pas cette fonction. Et comme au Parlement la place du Roi, ainsi qu'au Conseil, n'est jamais occupée de personne, l'on pourroit dire avec assez de fondement que Monseigneur le Dauphin, Messieurs les Princes du Sang & les Pairs n'y doivent point être précédés par les Présidens, même en l'absence du Roi & dans les assemblées ordinaires. Et en effet le banc de Messieurs les Princes du Sang & des Pairs est au côté droit, qui, selon du Tillet, est le côté le plus honorable : au lieu que celui des Présidens n'est qu'à la gauche, & encore est-il coupé par le passage qui sert de montée aux hauts siéges, cette ouverture n'ayant pas apparemment été faite sur le banc des Pairs, comme étant plus considérable. Ainsi l'on peut dire que la Présidence n'emporte pas toujours la préséance. Ce n'est pas que dans ces assemblées ordinaires où le Parlement est en Corps, & dans l'exercice de ses naturelles fonctions, les Pairs qui ne sont pas particuliérement établis pour le jugement des causes communes, ne déférent beaucoup à Messieurs les Présidens qui sont les modérateurs de ces Assemblées; mais il n'en est pas de même aux lits de Justice.

2°. Et c'est où il faut remarquer que cette proposition, ainsi que tout le reste du Mémoire, ne roule que sur une perpétuelle équivoque; confondant toujours les assemblées ordinaires du Parlement avec celles des lits de Justice. Car en ces dernieres ce ne sont pas proprement les Pairs qui font partie du Corps du Parlement; mais c'est proprement le Parlement qui a l'honneur d'être associé aux Pairs, de faire partie de leur Cour, & de participer par cette association & cette union au titre glorieux de Cour du Roi & de Cour de France.

3° Et comme c'est la présence du Roi assisté de ses Pairs qui change la face des choses, & qu'il est le seul & unique chef de cette Royale Cour, c'est aussi lui seul qui y préside; parce qu'encore que les Chanceliers & Gardes des Sceaux, & même en leur absence les Présidens y épargnent aux Rois la peine d'y parler long-tems, de recueillir les voix, & de prononcer, il est certain que nul d'eux ne préside en leur présence. Aussi l'on voit que le Chancelier ne prononce jamais les Arrêts en son nom, ni même au nom de la Cour, mais seulement au nom du Roi, disant ordinairement: *Le Roi séant en son Parlement, a ordonné & ordonne;* ou comme en l'an 1527 & en plusieurs autres lits de Justice: *Le Roi séant & présidant en sa Cour garnie de Pairs.* Et dans l'Arrêt si célèbre donné en 1536 par François I contre l'Empereur Charles-Quint Comte de Flandres: *Le Roi séant en sa Cour, & ayant eu conseil & meure délibération avec les Princes de son Sang & les Pairs de France & autres ses Conseillers étant en la Cour, a ordonné & ordonne.* Le Président Seguier dit la même chose en d'autres termes dans ses Remontrances à Charles IX en 1571, & cette vérité est connue de tout le monde.

4°. C'est pourquoi les Présidens n'y sont plus que comme Conseillers pour donner au Roi leurs avis, lesquels même les Rois ne sont pas obligés de suivre : [1] Aussi n'appellent-ils souvent les *Présidens que Conseillers.* Nous le venons de voir dans la prononciation de cet Arrêt de 1536 qui dit : *Et autres ses Conseillers étant en la Cour.* Dans le procès de Charles, Roi de Navarre, en 1386, l'extrait de la Séance du 2 Mars dit : *Accompagné dés Pairs de France, Prélats, Barons, & autres ses Conseillers.* Ce qui est répété deux fois dans le même jour. Louis XI, en réduisant les Officiers du Parlement en 1461, comprend les Présidens sous les noms de *Conseillers.* L'Advocat du Roi Lizet au lit de Justice de François I en 1521, dit : *Le Roi tenant sa Cour en présence de plusieurs Princes du Sang, Pairs de France & de ses Conseillers.* Dans toutes les ordonnances adressées au Parlement, les Rois ne mettent que : *Si donnons en mandement à nos amez & féaux Conseillers les gens tenant notre Cour de Parlement.* Et en toutes les autres rencontres où ils sont appelés *Présidens*, ils sont avant cela nommés *Conseillers*, comme dans un Edit de réglement du Roi Charles VI en 1418, où il les appelle *Conseillers* & *Présidens.* Louis IX parlant d'un Président du Parlement qui étoit alors à Poitiers, l'appelle : *Notre amé & féal Conseiller & Président Maître Jean Tartas.* Charles IX en 1561 en a parlé de la même sorte : & les Présidens mêmes dans leurs titres mettoient *Conseillers*, ainsi qu'il paroît dans l'Epitaphe du Président Maître Jean Dauvert mort en 1471

[1] Pairs de France & autres ses Conseillers étant en la Cour. *François I.* 1536.

Nous établissons ès Etats & Offices ci-après déclarés. C'est à savoir, Maître Philippe de Morvillier notre Conseiller & Premier Président en notre Cour de Parlement, Guy Ermenel, Docteur ès lois, Maître Jean Rupion, & Jean de Longueil, Conseillers & Présidens en notredite Cour. *Charles VI.* 1418.

Comme notre Cour de Parlement soit ordonnée du nombre de cent personnes, savoir, de 12 Pairs de France, 8 Maîtres des Requêtes & 80 Conseillers tant Clercs que Lais. *Et un peu après.* C'est à savoir, qu'il n'y aura que 40 Conseillers Lais. *Louis XI.* 1461.

Notre amé & féal Conseiller & Président en notre Cour Maître Christophe de Thou.

& enterré en l'Eglise de Saint Landry à Paris: dans celle de Guillaume de Popaincourt mort en 1480, qui étoit fils de Guillaume de Popaincourt, Premier Président, dont parle le Mémoire: en celle de Christophe de Carmone aussi Président, mort en 1507 & en une infinité d'autres: Parce que, s'ils sont Présidens à l'égard des Conseillers, & pour les assemblées ordinaires, ils ne sont que Conseillers à l'égard du Roi, & lorsqu'ils assistent aux lits de Justice.

Du Tillet remarque qu'*autrefois tous les Conseillers Laïcs étoient appellés Présidens*, parce que le plus ancien de ceux qui étoient présens présidoit toujours. Et dans l'Edit de Philippe le Bel pour l'établissement du Parlement de Toulouse, il appelle tous ceux qui le devoient tenir, *Présidens*, ainsi que Pasquier l'explique dans ses Recherches.

5°. Que si les Présidens ne sont plus que comme Conseillers dans tous les lits de Justice, il est indubitable que les Pairs y étant les premiers, les y doivent précéder. Et leur serment même, que le Mémoire allégue, comme les devant rabaisser au-dessous des Présidens, est ce qui les releve infiniment au-dessus d'eux. Car les Présidens n'étant institués en qualité de Présidens, que pour juger les causes ordinaires, ils font seulement serment de garder les ordonnances dans leurs jugemens & autres choses semblables; qui ne regardent que la distribution ordinaire de la justice. Mais les Pairs qui sont établis pour les grandes causes & les plus importantes affaires d'Etat, font un serment bien plus noble, & qui leur est particulier: *De conseiller le Roi dans ses très-grandes, très-hautes & très-importantes affaires, & de se comporter en tout comme un sage, vertueux & magnanime Duc & Pair doit faire.* Que si dans ces derniers tems on y a ajouté le mot de *Conseiller en Cour Souveraine*, c'est pour marquer qu'encore que comme Pairs leurs fonctions naturelles ne regardent que les affaires de conséquence pour y assister les Rois de leurs conseils, ils ne laissent pas aussi d'avoir le droit d'assister, quand il leur plaît, au jugement des moindres causes, & d'avoir entrée, séance & voix délibérative dans les assemblées ordinaires du Parlement. En effet, dans le serment de réception du Duc de Vendôme en 1606, il n'est point parlé de Conseiller en Cour Souveraine, ni en celui du Duc de Montmorency en 1595.

Il n'y a donc nulle raison de douter [1] que dans les lits de Justice, qui est le lieu naturel d'exercer leurs illustres fonctions, ils n'y doivent précéder en toutes choses les Présidens, qui n'y sont que comme Conseillers, & tirés de leurs fonctions ordinaires pour y assister les Pairs.

On voit en effet la préférence qu'ils ont sur les Présidens par la séance honorable que les Rois leur ont de tout tems donnée aux lits de Justice, ainsi qu'il est marqué, même depuis l'établissement du Parlement sédentaire, dans les plus anciennes séances où l'ordre en a été mis par écrit : comme au procès de Robert d'Artois en 1331, en celui de Jean de Montfort, Duc de Bretagne en 1378, & en tous les autres. Et pour faire voir que ce n'est pas une séance de hasard, & qui ait été établie sans raison, c'est qu'étant fondée sur l'essence même de leur dignité & la grandeur des fonctions qu'ils exercent en ces rencontres, il n'est pas seulement dit dans ces deux anciens Registres, que c'est l'ordre dans lequel ils étoient dans ces deux lits de Justice; mais que *c'est comme ils y doivent seoir en jugement en la présence du Roi.* Et de peur que l'on ne crût que la faveur que les Rois ont quelquefois accordée à des personnes qui n'étoient pas Pairs, de les faire seoir aux hauts siéges, n'apportât quelque préjudice à la prééminence des Pairs, François I ayant fait seoir en son lit de Justice de 1523 le Duc

[1] Le trône Royal dans les Assemblées où il y a convocation de Pairs de France, est appelé lit de Justice. *Harangue du Premier Président Lizet au lit de Justice de Henri II. en* 1548.

Le lit de Justice du Roi ne se tient le plus souvent qu'au Parlement de Paris, qui est la Cour des Pairs; & quand il plaît audit Seigneur le tenir ailleurs qu'à Paris, il remet & assigne son Parlement où bon lui semble. Et ce lit de Justice n'a accoutumé d'être tenu que pour choses concernant universellement l'Etat du Roi. *Discours sur la Séance des Rois en leurs Cours de Parlement, attribué à Du Tillet.*

d'Albanie, Prince du Sang d'Ecosse, aux hauts siéges, entre le Duc d'Alençon & l'Evêque & Duc de Langres, Pairs de France, pour lui faire honneur, déclara que ce n'étoit que pour cette fois seulement, voulant qu'à l'avenir *les Pairs se seoient toujours en ses Cours & Conseils les premiers & plus proches de sa personne, selon l'ordre & la dignité de leurs Pairies:* & il ordonna que cette déclaration fût mise dans les Registres. On voit encore dans le Cérémonial imprimé, un écrit de la forme des lits de Justice, que l'on dit avoir été fait par du Tillet, qui marque la même chose.

[1] Aussi dans toutes les rencontres où ils sont nommés avec les Présidens & le Parlement, ils y sont toujours nommés les premiers; ainsi qu'il paroît dans l'Ordonnance de 1461 que nous avons déjà rapportée; dans l'Arrêt de François I en 1536; dans une harangue de l'Avocat du Roi à un lit de justice du Roi Jean en 1353, & dans tous les autres actes qu'il seroit infini de rapporter. Et comme de tout tems avant l'usurpation de 1610, cette préséance aux lits de Justice a toujours emporté l'opinion, le Mémoire n'a pas eu sujet de dire que l'ordre de la séance ne tire point à conséquence pour l'opinion; & l'on voit partout ce que nous venons de dire que la raison qu'il apporte de la séance des Chanceliers qu'il dit présider à cette assemblée, est sans fonde-

[1] Le Roi étoit en son Siége, & plusieurs Pairs de France, avec ses gens de Parlement. *Lit de Justice du Roi Jean en* 1353.

Cette très-noble & très-illustre Assemblée de Princes du Sang, Pairs de France, Présidens & Conseillers du Parlement. *Avocat du Roi en* 1353.

Par le Roi, ses Pairs & Conseil. *Lit de Justice contre le Roi de Navarre* 1386.

Nos amés & féaux Conseillers l'Archevêque de Reims, &c. Nos Présidens, aucuns de nos Maîtres des Requêtes & Conseillers, &c. *Lits de Justice de* 1487, 1413, 1527, 1557.

Ce jour l'Avocat du Roi Lizet a récité en la présence dudit Seigneur Roi tenant sa Cour de plusieurs Princes du Sang, Pairs de France & de ses Conseillers. *Lit de Justice de François I, le* 15 *Février* 1521.

Pairs premiers Officiers de la Couronne. *Pasquier, chap.* 10, *liv.* 2.

ment ; puiſque ni lui, ni les Préſidens n'y préſident point, mais le Roi ſeul accompagné de ſes Pairs, qui y étant les premiers en ſéance & en dignité, y doivent auſſi être les premiers en tous les autres honneurs.

D'où il eſt très-vrai de conclure qu'encore que les Pairs & le Parlement ne faſſent alors qu'un même Corps, les Pairs doivent néanmoins y précéder en toutes choſes les Préſidens.

REMARQUES.

SUR LE CINQUIEME ARTICLE DU MÉMOIRE.

Le cinquieme Article fait la ſeconde partie de l'argument du Mémoire : *Que ſi les Pairs*, dit-il, *font un Corps ſéparé du Parlement, ils ne peuvent en aucune maniere le précéder.* Et il prétend de le prouver par pluſieurs raiſons. 1°. Parce que le Parlement eſt le premier de tous les Corps de l'Etat. 2°. Qu'il n'eſt jamais précédé de perſonne. 3°. Qu'il ne peut être ſéparé du Roi par qui que ce ſoit, & ne fait qu'un corps avec lui. 4°. Qu'il n'eſt d'aucun des trois Corps qui compoſent les Etats Généraux. 5°. Qu'il leur eſt ſupérieur lors même qu'ils ſont aſſemblés.

Encore qu'on ait dit que les Pairs ne font qu'un même Corps avec le Parlement, lorſqu'ils accompagnent les Rois dans les aſſemblées des lits de Juſtice, il eſt néanmoins véritable que le Corps des Pairs comme Pairs, eſt un Corps d'un autre Ordre & d'une autre dignité que celui du Parlement conſidéré ſimplement comme Parlement. Car 1°. étant Conſeillers nés du Roi, ſelon qu'en parlent tous les Auteurs, leur juriſdiction eſt ordinaire & naturelle; mais celle des Officiers du Parlement eſt extraordinaire & ſubdéléguée. 2°. Elle s'étend par toute la France; & celle du Parlement comme Parlement, eſt limitée dans l'étendue de ſon reſſort. 3°. Les Pairs ſont eſſentiellement, & par la nature de leur dignité, les Juges naturels des grandes cauſes : au lieu que les

Paſquier en ſes Recherches.

Choppin, tom. 2, liv. 3 du domaine de la Couronne.

Les Pairs ſont Conſeillers nés du Roi. *Guy Coquille.*

les Officiers du Parlement n'y ſont que comme des Adjoints & des Aſſeſſeurs pour aſſiſter les Pairs quand les Rois les y appellent. 4°. Les Rois peuvent aſſembler, quand il leur plaît, le Corps des Pairs, pour terminer les affaires importantes, & y faire aſſiſter d'autres perſonnes, ou d'autres Parlemens, ou ſeulement des Députés de celui de Paris, ainſi qu'il s'eſt pratiqué en pluſieurs rencontres, dont l'on pourroit apporter beaucoup d'exemples, non-ſeulement avant l'établiſſement du Parlement ſédentaire, mais encore depuis, & même depuis les derniers tems. 5°. Les Pairs, ainſi que le marque leur nom, ne ſont pareils qu'entre eux en dignité, en autorité & en puiſſance. Et comme ils ne ſont pas pareils au Roi, parce que le Roi qui eſt leur Chef, eſt infiniment au-deſſus d'eux : de même les Officiers du Parlement ne ſont pas pareils à eux, parce qu'ils leur ſont inférieurs en dignité ; puiſque leur fonction n'eſt que de les aſſiſter dans un ordre moins élevé en ces plus importantes rencontres. 6°. Les fonctions des Pairs [1] ne ſont pas bornées à conſeiller le Roi & à juger avec lui les grandes affaires d'Etat ; mais ils paroiſſent encore avec un éclat qui n'eſt pas moindre dans les Couronnemens & les Sacres, dans les aſſemblées d'Etats généraux, & en d'autres occaſions ſemblables, où ils ſont ſi avantageuſement diſtingués, non-ſeulement du Parlement, mais encore de tous les autres Grands de l'Etat.

Séances en 1365, 1366, 1369, 1411.
Lit de Juſtice de 1458 à Vendôme.
Majorité de Charles VI à Paris.
Déclaration de majorité de Charles IX à Rouen.
Lits de Juſtice dans les autres Parlemens.

D'où l'on peut conclure, pour l'éclairciſſement du premier point de cet article du Mémoire, que le Corps des Pairs étant conſidéré comme diſtinct & ſéparé de celui du Parlement, étant le plus ancien, le plus noble dont le Parlement même a l'honneur d'avoir été tiré, auſſi-bien que tous les autres Parlemens de France, & duquel celui de

[1] Le devoir & la charge des Pairs eſt de maintenir la grandeur & Majeſté de la Couronne de France ; donner de bons avis pour le bien public & de l'Etat ; ſe trouver au Conſeil privé du Roi pour délibérer de ce qui s'y propoſe ; aſſiſter le Roi de leur préſence, s'acheminant en guerre, &c. *Chopin tom. 3, l. 3 du domaine de la Couronne.*

Paris a l'avantage par-dessus les autres d'être le siége ordinaire, doit sans doute passer pour le premier de tous les Corps du Royaume.

Il faut remarquer sur le second point, qui est, *que le Parlement n'est jamais précédé de personne*; que si les Pairs, lorsqu'ils ne sont qu'un Corps avec le Parlement, précédent tous ses Officiers en la présence du Roi dans le Palais même; à plus forte raison, s'ils faisoient un Corps séparé, devroient-ils précéder celui du Parlement en tout autre lieu. Car les Pairs ne précédent pas seulement les Présidens dans la Séance des lits de Justice, mais il y a même des exemples où ils les ont précédés hors de la Grand'Chambre comme dans le lit de Justice de Henri II le 12 Novembre 1551, où il est marqué que le Roi s'étant levé au milieu de la séance pour aller ouir la Messe du Saint Esprit en la grande Salle, les Ducs de Guise & de Montmorenci, & le Maréchal de la Mark, qui accompagnoient le Roi en cette marche, précéderent tous les Présidens en y allant, & en revenant en la Grand'Chambre avec le Roi pour achever la Séance. Et l'on ne trouvera aucun exemple, je ne dis pas d'obséques, puisque les Rois n'y vont point, mais de processions & de quelques autres cérémonies que ce soit, où les Pairs aient été précédés par les Présidens.

Sur le troisieme point, qui est, *que le Parlement ne peut être séparé du Roi par qui que ce soit, & ne fait qu'un Corps avec lui*, il faut remarquer que ce sont véritablement les Pairs qui sont inséparables du Roi, n'ayant que lui pour Chef, sans lequel leur Corps ne sauroit être parfait. Aussi les Rois ont dit eux-mêmes qu'ils étoient une portion de leur honneur; & les Auteurs les ont appelés les pierres précieuses & les Fleurons de la Couronne, les premiers membres de l'Etat & les plus illustres portions de la Royauté. Et la relation d'eux au Roi est si essentielle & si nécessaire, qu'il ne peut non plus y avoir de Pairs sans Roi, que de Sujets sans Seigneur; puisque Pair suppose nécessairement un Seigneur supérieur dont il soit le premier vassal.

D'où vient qu'il n'y a point de Pairs dans les Républiques. Et bien loin que les Pairs aient lieu d'exclure les Rois de leurs assemblées, ils n'en peuvent point faire de considérables, que le Roi n'y soit comme le Chef inséparable de leur Corps. Aussi le Parlement répondant aux demandes de Charles VII en 1548, ne dit pas seulement que dans ces rencontres tous les Pairs doivent être appelés, & y assister quand ils sont présens; mais même *que les Rois y doivent assister, au moins aux jugemens interlocutoires & définitifs; & que, s'il survenoit quelque empêchement nécessaire au Roi, il seroit plus convenable de proroger ou continuer l'expédition de l'affaire jusqu'à quelqu'autre tems qu'il y pourroit être ou vaquer, que d'y commettre autre à son absence. Et ne se trouve point ès autres affaires que le Roi ne fût présent & séant en sa Cour & Majesté Royale.* La Séance que François I leur donne pour toujours le plus près de la personne sacrée de nos Rois, & qu'ils ont inviolablement conservée jusqu'à présent, est encore une marque bien autentique qu'ils n'en devoient jamais être séparés par qui que ce soit. Car les Princes du Sang y sont comme les premiers de leur Corps. Et pour faire voir par une considération bien remarquable, l'attachement inséparable des Pairs au Roi, c'est que parmi eux il n'y en a aucun, même par représentation, qui soit Président, & il n'y a que le Roi seul qui soit le Chef & le Président de cet illustre College, ainsi que l'appellent plusieurs Auteurs. De sorte que toute assemblée des Pairs pour le jugement des grandes causes, demande nécessairement le Roi pour y présider.

Il n'en est pas de même du Parlement, dans lequel il y a des Présidens établis pour présider en l'absence du Roi dans les assemblées ordinaires, parce que le Roi n'étant pas nécessairement le Chef de ce Corps en propre personne, sa présence n'y est pas toujours nécessaire, & ils peuvent sans lui terminer toutes les affaires dont ils ont été établis les Juges. Que s'ils disent que lorsque le Roi n'y assiste point en personne, il est au moins nécessaire qu'il y assiste dans la perſonne des Préſidens qui le repréſentent (quoiqu'il ſe ſoit trouvé des occaſions où le plus ancien Conſeiller préſidant, a ſoutenu en ſa perſonne cette repréſentation royale) il ſera toujours vrai de dire, que les Pairs ſont bien plus inſéparables qu'eux de la Royauté; puiſque pour le Parlement la repréſentation du Roi y ſuffit; mais pour le Corps des Pairs, la préſence de ſa perſonne même y eſt néceſſaire.

Sur le quatrieme point de cet article du Mémoire qui prétend que *le Parlement ne fait point partie des Etats Géneraux, & n'eſt d'aucun des trois Corps qui les compoſent*, il faut remarquer que ſi les Etats ſont généraux, ils comprennent généralement toute la France. Il faudroit donc que le Parlement ne fit pas partie du Royaume, pour n'en point faire de ces Etats, où tout le Royaume doit être compris. Et bien loin que le Parlement ne ſoit d'aucun des trois Corps des Etats, il eſt plutôt vrai de dire qu'il eſt compris dans chacun des trois, puiſqu'entre les Officiers qui le compoſent, auſſi bien que les autres Compagnies Souveraines, il y en a pluſieurs d'Eccléſiaſtiques, pluſieurs de Gentilshommes, & d'autres qui ne ſont ni l'un, ni l'autre. Car il faut obſerver que dans la députation des Etats en France, on ne conſidere pas les Corps & les Compagnies particulieres qui ſont dans tout le Royaume; mais ſeulement ce que l'on appelle les Etats, ou les conditions des ſujets du Roi, & qu'on les réduit toutes à ces trois Etats, ſans regarder de quel Corps particulier de l'Etat ils ſont partie. De ſorte que le Parlement de Paris, auſſi bien que les Parlemens des Provinces & toutes les autres Compagnies du Royaume, juſques à celles qui ne ſont pas ſouveraines, peuvent être compriſes ſous deux ou trois de ces Etats : quoiqu'il y ait lieu de douter que dans la députation de la Nobleſſe on choisît des Gentilshommes qui ne feroient pas profeſſion des armes & ne porteroient pas l'épée. En quelques aſſemblées de Notables au lieu du Tiers-Etat, on y appela des Préſidens de tous les Parlemens de France, qui formoient un troisieme Corps sous le nom d'Officiers de Justice, comme en celle tenue à Rouen en 1617, & quelquefois un quatrieme Corps sous le même nom, comme en celle tenue à Paris sous Henri II en 1557, où ils sont nommés avant le Tiers-Etat, mais toujours après l'Eglise & la Noblesse. Et ce qui est à remarquer [1] est, qu'alors les Présidens, ainsi que dans le Parlement, se mettent à genoux en parlant au Roi : Et après que Sa Majesté les a fait lever, ils demeurent toujours debout & découverts.

Ainsi quand même il seroit vrai que le Parlement ne feroit point partie des Etats Généraux, ce n'est pas à dire pour cela qu'il leur fût supérieur, même quand ils sont assemblés, ainsi que le dit le cinquieme point de cet Article du Mémoire. Car les Etats Généraux étant assemblés au nom des Rois & de toute la France, ce sont les Rois eux-mêmes qui en sont les Chefs, & qui font en leur nom des Ordonnances sur tout ce qui s'y résout; de sorte qu'être supérieur à ces assemblées écuméniques, ce seroit être supérieur aux Rois mêmes.

Les paroles du Président de la Vaquerie en 1484 & les autres témoignages qui ont ci-devant été rapportés, pour montrer que les Parlemens par leur institution, & sans un ordre exprès du Roi, ne se doivent pas mêler des affaires de l'Etat, prouvent encore assez clairement qu'ils ne sont nullement supérieurs aux Etats Généraux, puisque les Rois ne convoquent ces assemblées générales, que pour régler les choses qui regardent tout le Royaume.

Mais il y a plus : Car les Rois dans ces Etats ne font pas seulement des Edits & des Ordonnances générales pour tout le Royaume, & pour être observées par toutes les Cours Souveraines dans leurs jugemens; mais ils font aussi des Réglemens qui regardent particulierement les Parle-

[1] Le Premier Président le Maître se mit un genou en terre, nue tête; ce que firent aussi les autres Présidens & tous les Conseillers, & Sa Majesté leur commanda de se lever, mais non de s'asseoir ni se couvrir. *Henri II, lit de Justice*, 12 *Février* 1551.

mens ; comme dans les Etats tenus à Paris par le Dauphin Charles V en 1536 durant la prison du Roi Jean ; en ceux tenus à Tours après la mort de Louis XI, & depuis en ceux tenus à Orléans en 1560, en ceux de Moulins en 1566, en ceux de Blois en 1579, & en plusieurs autres où les Rois ont fait divers Réglemens, non seulement sur l'âge & les qualités des Officiers des Cours Souveraines, la forme de leur examen & de leurs réceptions, & le nombre des Conseillers ; mais aussi pour tout le reste de ce qui regarde la distribution de la Justice dans toutes les Cours Souveraines de France, ainsi qu'il se voit dans ces Ordonnances, dans le Réglement fait en 1597 par Henri IV, & dans plusieurs autres. Or, les Parlemens sont si étroitement obligés à garder ces Ordonnances, que c'est même une matiere de Requête Civile contre des Arrêts, lorsqu'elles y ont été violées ; & que les Conseillers, & même les Présidens, font un serment particulier de les garder lorsqu'on les reçoit. Ce qui marque clairement qu'ils ne sont pas supérieurs aux Etats Généraux, qui parlant au nom du Roi, font ces réglemens pour toute la France ; au lieu que chaque Parlement comme Parlement n'en peut faire que pour l'étendue de son ressort. Et quoique les Rois envoient dans les Parlemens toutes ces Ordonnances pour y être vérifiées, ce n'est nullement pour leur attribuer une jurisdiction supérieure aux Etats Généraux ; puisqu'en leur envoyant aussi leurs autres Edits, ils ne les établissent pas pour cela supérieurs à l'autorité Royale dont ils émanent. Mais les Rois ont voulu que leurs Ordonnances fussent enregistrées dans les Parlemens, parce qu'elles ont force de Loi ; que ceux qui administrent la Justice Souveraine envers leurs Sujets, doivent avoir connoissance des lois, selon lesquelles ils doivent juger, & que ces Lois sont inviolablement conservées dans le dépôt public des Registres. C'est pour cela que les Présidiaux & les autres moindres Cours de Justice doivent aussi enregistrer toutes les choses qui regardent l'étendue de leur ressort subalterne, & qui leur doivent servir de regle dans leurs jugemens. Et bien loin que cet enregiſtrement, que l'on appelle auſſi vérification, rende les Officiers des Parlemens ſupérieurs aux Etats & à leurs ordonnances, c'eſt-à-dire, à celles que les Rois font par l'avis de ces aſſemblées générales; c'eſt plutôt une marque de leur infériorité & de leur dépendance, de ce qu'ils inſerent dans leurs Regiſtres des loix & des ordres qu'ils ſont indiſpenſablement obligés de ſuivre. Ce n'eſt pas que les Rois ne trouvent bon que dans la vérification des Edits particuliers, ils ne leur faſſent quelquefois des remontrances; mais il eſt certain que comme ce ne ſont que des avis & des conſeils que ces Officiers lui donnent pour le bien de ſon ſervice & l'avantage de l'Etat, s'il ne plaît pas au Roi de les ſuivre, les Parlemens ſont obligés de déférer aveuglément aux ordres de leur Souverain.

Que ſi l'on conſidere la ſéance honorable qu'ont les Pairs dans ces aſſemblées d'Etats Généraux, on les y verra, non point comme faiſant partie de la députation des trois Corps, mais plutôt comme faiſant partie de la Préſidence même avec le Roi qui en eſt le Chef, & ayant l'honneur d'aſſiſter à ſes côtés au jugement qu'il fait de tout ce qui ſe délibere dans les trois Corps des Provinces, & qui eſt enſuite envoyé dans les Parlemens, pour y être inviolablement obſervé. Dans les aſſemblées de Notables, l'on y voit auſſi les Pairs placés ſous le haut dais aux côtés du Roi ſur des bancs à doſſiers en ſuite de Meſſieurs les Princes du Sang; comme en celle tenue à Rouen ſous le feu Roi en 1617. Au lieu que le Préſident de Verdun, Premier Préſident au Parlement de Paris, & le Préſident Seguier, & les Premiers & autres Préſidens députés des autres Parlemens, étoient placés dans l'aire de la ſalle ſur des petits bancs aſſez éloignés de la derniere marche du haut dais du Roi, ainſi que porte la relation de cette aſſemblée.

Un Hiſtorien rapporte que c'étoit autrefois aux Pairs à convoquer les Etats de leurs Provinces de la part du Roi; & cela ſe pratiqua en 1534, les commiſſions pour le Nivernois ayant été adressées à Marie d'Albret comme Pair de France. Et il en reste encore une marque bien considérable en ce qu'après Paris, qui est le premier fief de France, & & qui fut réuni à la Couronne par Hugues Capet, les députés des Provinces sont appelés par le Hérault, & ont leur séance & voix délibérative selon l'ordre & le rang des anciennes Pairies; ceux de Bourgogne les premiers, puis ceux de Normandie, & ainsi des autres.

Mais il ne faut pas s'étonner si les Pairs ont la premiere place en ces grandes assemblées, puisqu'elles tiennent lieu de ces anciens Parlemens, où les Pairs & les Evêques & Barons, leurs prédécesseurs, avoient au-dessous du Roi la premiere autorité. Car les Etats généraux, [1] comme ils ont été depuis, ne sont pas fort anciens, & ce n'est que par occasion que le Tiers-Etat y a été appelé. Autrefois il n'y avoit que la Noblesse qui eût autorité dans l'Etat; depuis que nos Rois ont été Chrétiens, ils y ont appelé l'Eglise, & ces deux Corps formoient avec le Roi le Corps de la France dans les Parlemens qui étoient les seuls Etats qui fussent alors. Les Pairs Ecclésiastiques ou Laïques ont succédé à l'autorité des anciens Evêques & Barons, pour tenir les premieres places dans ces Parlemens généraux, où ils étoient assistés des autres Evêques & Seigneurs qui y avoient aussi entrée. Mais comme les Rois ont depuis eu besoin de secours extraordinaires d'argent pour subvenir aux nécessités de leur Royaume dans les tems fâcheux, cela les a portés à y appeler aussi le Tiers-Etat, parce que les particuliers de ce Corps étoient ceux qui y contribuoient davantage, & qu'ils

[1] Les anciens Rois établirent les plus grands Seigneurs, Ducs & Comtes, Pairs de la Cour de France, pour tenir le grand Parlement, Audience & Justice générale, &c. *Et après* : Les Rois établirent les grands Seigneurs, Pairs du Conseil, Justice ou Parlement de France, lequel commença dès-lors à servir de ressort de Justice au lieu des anciens plaids généraux, Sanes & Conciles tenus durant la premiere & seconde Famille. *Et un peu après* : Et de fait il semble que les Pairs de France avoient été choisis pour être Juges aux Parlemens généraux. *Fauchet, liv. 2, chap. 1.*

exécutoient

exécutoient plus volontairement les choses quand elles avoient passé par leur avis. Le sage Dauphin Charles V en usa ainsi avec prudence & succès durant la prison du Roi Jean son pere, & depuis, les Rois qui l'ont suivi ont toujours appellé le Tiers-Etat quand ils ont convoqué ces assemblées générales pour le réglement de leur Royaume. De sorte que le Tiers-Etat n'y ayant été ainsi admis que par occasion, [1] les Rois peuvent toujours avec les Pairs & ceux de leurs sujets dont ils voudront les faire assister, faire les mêmes reglemens pour l'avantage de toute la France. Et c'est en quoi le Parlement de Paris qui a ce privilege & cet honneur particulier, d'être le siege ordinaire du Roi & des Pairs, & qui avec eux est comme composé de trois Etats, pourroit être véritablement, sinon supérieur, au moins égal aux Etats généraux, s'il se considéroit comme joint aux Pairs, pour faire en la présence du Roi & par son autorité, des Réglemens pour tout le Royaume.

Mais comme ce n'est que par sa jonction avec les Pairs qu'il possede tous ces avantages, dès-lors qu'il voudra s'en détacher, & se considérera comme un Corps à part, il ne sera plus que le Parlement de Paris, & les Rois pourront faire leur Cour, & la Cour des Pairs & la Cour de France dans tout autre Parlement, & toute autre assemblée où ils seront assistés des Pairs de France, ainsi qu'ils ont fait en plusieurs rencontres.

REMARQUES

Sur le sixieme Article du Mémoire.

Le Mémoire prétend que les Pairs nouveaux ne sont plus au même état que les anciens.

Il est vrai que les Pairs nouveaux ne sont pas si grands

[1] *Tribus Galliarum ordinibus non convenientibus, Patricii ipsi* (il appelle ainsi les Pairs) *trium Ordinum conventum repræsentantes dijudicant.* Belcarius, l. 3. du comment. des affaires de France.

Seigneurs, ni si puissans que les Ducs de Bourgogne, de Normandie & d'Aquitaine, ni que les Comtes de Flandres, de Toulouse & de Champagne, si on regarde leurs biens, leurs forces & l'étendue de leurs Duchés & de leurs Comtés; mais il est sans doute qu'ils sont pareils, si on considere la dignité, les droits & les prééminences de leurs Pairies. Ce n'est pas qu'entre les premieres Pairies créées il n'y en eût quelques-unes presque aussi considérables que plusieurs des anciennes, comme l'Artois, la Bretagne, l'Anjou, le Poitou, le Berry, l'Auvergne, la Touraine & autres Provinces. Mais les Rois ayant depuis très-sagement considéré que la dignité de Pair ne dépendoit point de l'étendue des Pairies, & qu'ainsi ils pouvoient en de moindres Duchés & Comtés, conserver la grandeur & l'éminence de ce titre, ils ont commencé dans ces derniers tems à faire des successeurs aux Pairs anciens, qui avec une moindre puissance pour ce qui regarde l'étendue de leurs Seigneuries, soutiennent la même dignité & le même rang, & jouissent des mêmes prérogatives & des mêmes droits.

Et en effet il paroît assez par ce que dit Du Tillet [1], *que le Duc de Bourgogne, quoique le moins renté, étoit le Doyen & le premier de tous les autres;* que l'éminence de la dignité ne dépend point de cette grandeur étrangere qui ne lui est point essentielle. Le Jurisconsulte Choppin dit la même chose. Mais le Roi Philippe le Bel le marque en des termes bien plus avantageux pour les Pairs, lorsqu'écrivant au Pape Clément V en 1307, il parle ainsi de l'Evêché & Pairie de Laon : [2] *Quoique l'Eglise de Laon ait peu de bien, néanmoins étant honorée du titre de Pairie, nous la considérons comme surpassant en noblesse & en excellence toutes les*

[1] L'étendue des lieux ne rend point un Comté plus noble & de plus grande qualité & dignité, tout ainsi qu'un Evêché n'a point de plus grande dignité qu'un autre pour être plus riche, ou pour avoir un Diocèse de plus grande étendue. *Choppin, tom. 2, liv. 3.*

[2] *Laudunensem Ecclesiam licèt in facultatibus tenuem, inter cæteras Regni nostri, utpote paritate sive paragio Regni ejusdem dotatam, excellentiâ nobilissimam reputamus, &c. Cujus honorem, nostrum, & Regni nostri proprium, arbitramur.* Philippe le Bel. 1307.

autres de notre Royaume. Et un peu après. *Nous regardons son honneur comme faisant partie de notre propre honneur & de celui de notre Royaume.*

C'est pourquoi nous voyons que les Séances des Pairs n'ont jamais été réglées par la grandeur & l'étendue de leurs Pairies, mais par le seul ordre de l'antiquité de l'érection; où, comme dit le Registre du procès de Robert d'Artois en 1331 : *Chacun sied premier, selon que premier a été fait Pair.*

Mais, pour prouver plus particuliérement que la dignité des nouveaux Pairs est la même que celle des anciens, nous en ferons ici cinq ou six remarques.

1. Les Rois n'ont créé les Pairies nouvelles que pour tenir lieu des anciennes depuis qu'elles ont commencé à s'éteindre. Le premier fondateur des nouvelles Pairies, Philippe le Bel déclare [1], ainsi que nous l'avons déjà remarqué, que c'est *pour réparer la difformité que la diminution des anciennes avoit causée sur la face de l'Etat.* Or, les nouvelles ne pourroient pas remplir le vide des anciennes, & réparer les défauts de leur diminution, si elles n'étoient d'une dignité toute pareille. Aussi le même Roi ajoute en ses mêmes Lettres, *qu'il veut rétablir le lustre de son Trône royal & de son regne par l'éclat & l'ornement de ces anciennes dignités.* Les Rois ses successeurs ont parlé de même dans plusieurs érections des nouvelles Pairies qu'ils ont faites ensuite, comme en celle de Guise en l'an 1528, où François I parle ainsi : *Considérant que nous tenons à présent la plupart des Duchés & Comtés qui souloient être tenues en Pairies de notre Royaume, comme Bourgogne, Normandie, &c. avons icelui Duché élevé & érigé en titre, nom & prérogative de Pair de France, &c.* & en plusieurs autres, & même en de

[1] *Considerantes insuper quòd duodecim Parium qui in Regno nostro antiquitùs esse solebant adeò diminutus est numerus, quòd antiquus Regni nostri status ex diminutione ejusmodi multipliciter deformatus videatur. Volentes igitur Regni nostri solium veterum dignitatum ornatibus reformare.* Philippe le Bel, érection d'Anjou, 1297.

plus nouvelles, les Rois *dérogent à ce que l'on pourroit dire que le nombre des anciennes Pairies laïques eût été limité à six.*

2. Les Rois ont déclaré dans toutes les Lettres d'érection, que les nouvelles Pairies doivent jouir des mêmes prérogatives que les anciennes. Philippe le Bel dans ces mêmes Lettres du Comté d'Anjou, dont nous venons de parler, dit [1] qu'il *veut que les Comtes d'Anjou jouissent des mêmes prérogatives & des mêmes droits de Pairie, que son fidele & bien aimé le Duc de Bourgogne, son Compair.* Louis Hutin, son fils, dit en celle de Poitou de l'an 1315 : [2] *Nous voulons que les Comtes de Poitou soient Pairs de France, & jouissent pour toujours des prérogatives, privileges & exemptions des autres Pairs de France.* Le Roi Jean, dans l'érection de partie du Berry & de l'Auvergne en Duché & Pairie en 1360, dit [3] *qu'il veut que ses Ducs jouissent & usent en toutes choses de tous les honneurs appartenans aux Duchés & Pairies, avec le nom, les droits & toute autre prérogative.* Et pour ne pas rapporter ici en particulier les clauses de toutes les autres Pairies créées ensuite, qui sont semblables, il suffit de dire que les Rois déclarent dans les érections des plus nouvelles, qu'ils *veulent que ces Pairs jouissent des mêmes droits, rangs, honneurs, privileges, franchises, exemptions, prérogatives & prééminences que les autres Pairs du Royaume, & comme les anciens Pairs en ont de tout tems joui & usé.*

3. Plusieurs Auteurs [4] & les Rois eux-mêmes ont appelé

[1] *Omnique paritatis ejusdem, quemadmodum fidelis & dilectus noster Dux Burgundiæ Compar ejus, jure ac prærogativâ lætetur.* Ibid.

[2] *Volumus quòd Comites Pictavienses sint Pares Franciæ & aliorum Franciæ Parium prærogativis, privilegiis, libertatibus perpetuò gaudeant & utantur.* Louis Hutin, érection de Poitou, 1315.

[3] *Omnique Ducatûs & Pariatûs honore cum nomine, jure, & quacunque aliâ prærogativâ lætentur pariter & utantur.* Le Roi Jean, érection de Berry & Auvergne, 1360.

[4] Après la mort de Charles le Bel, les douze Pairs & Barons de France..... Si que par ces raisons les douze Pairs & Barons de France. *Froissart, 1 vol. ch. 4. & 22 où il les nomme encore trois fois les douze Pairs.*

Le Roi eut conseil à ses douze Pairs.... Là l'attendoient le Roi les Pairs nouveaux, *les douze Pairs*, même depuis l'extinction des anciens, & lorsqu'il y en avoit un plus grand nombre, pour marquer qu'en quelque quantité qu'ils soient, & quelque nouvelle que soit la création, c'est toujours ce même College des anciens Pairs, & qu'ils ont le même honneur & la même autorité.

4. Les Rois étant les souverains distributeurs des honneurs & des dignités dans leur Royaume, il faudroit que ces premiers Rois de la troisieme Race, qui ont institué les anciens Pairs, quelque foibles dans le gouvernement de l'Etat que les Auteurs nous les dépeignent, fussent plus puissans que les Rois qui les ont suivis, & que le Roi même qui regne présentement avec tant d'autorité, tant de gloire & tant de puissance; si les Pairs créés dans le dernier siecle & dans celui-ci, ne l'avoient pu être avec tant de pouvoir & d'autorité que les anciens. Aussi le célèbre Du Tillet dit, que *de reconnoître les droits des anciens Pairs, & les disputer aux nouveaux, c'est accuser l'érection & blâmer le Roi qui l'a faite, plus que ceux qui l'ont obtenue.* Et dans le même lieu : *Il faut bien penser avant que de faire l'érection. Car après qu'elle est faite, y débattre les rangs & prérogatives, c'est contredire la puissance Royale.*

5. L'égalité & la parité étant de l'essence de la dignité de Pair, les Pairs nouveaux ne seroient pas véritablement Pairs, s'ils n'étoient égaux, quant aux droits & aux prérogatives de la Pairie, aux anciens Pairs.

6. Comme les Rois n'ont pas attendu une entiere extinction des six anciennes Pairies laïques pour en créer de nouvelles, dans le tems qu'il y en avoit encore trois anciennes qui subsistoient, il se rencontre que le Duc de Bourgogne,

Philippe & tous les douze Pairs *Extrait de Froissart en* 1340.

Sçavoir si les douze Pairs doivent être présens au jugement. *Charles VII en* 1458.

L'an 1458 manda le Roi aux douze Pairs de France. *Lit de Justice tenu à Vendôme.*

C'est à savoir des douze Pairs de France, huit Maîtres des Requêtes, &c. *Louis XI en* 1461.

que le Mémoire remarque avoir parlé en 1386, au nom de tous les autres Pairs, en avoit déjà vu ériger alors quatorze ou quinze nouvelles, sans qu'il se relevât jamais au-dessus d'eux, que par la seule qualité de plus ancien & de leur Doyen. Les Ducs de Bourgogne qui l'ont suivi, & qui jusqu'en 1478 en ont encore vu ériger tant d'autres, ont toujours considéré près de deux cens ans durant tous ces Pairs nouveaux, comme leurs Confreres & leurs Compairs, ainsi qu'on parloit alors. Les Comtes de Flandres qui ont encore duré plus long-tems, & les Ducs de Guyenne qui ont subsisté près de cent ans depuis la création de ces nouvelles Pairies, en ont fait de même; & lorsqu'ils ont été condamnés par ces Pairs nouveaux, ils n'ont jamais prétendu qu'ils eussent moins de droit de les juger que les anciens. Les plus anciennes des nouvelles Pairies en ont usé de la même sorte envers celles qui ont été postérieurement érigées, & rien n'a jamais été capable de rompre cette illustre chaîne qui nous unit encore aujourd'hui avec les six anciens.

Le Mémoire s'efforce bien de le faire en 1582, sous prétexte de la Déclaration que donna Henri III en faveur des Ducs de Joyeuse & d'Espernon, & au préjudice des droits déjà acquis aux Ducs d'Uzez, de la Trimouille, de Roannez, de Luxembourg & de Ventadour. Mais il faut remarquer 1. Qu'il n'étoit question que des rangs de Ducs, & que la Déclaration ne dit pas un mot des Pairs; ce que le Mémoire n'a point distingué, quoique ce soit la seule qualité qui donne les rangs dans le Parlement. 2. Que cela ne regardoit nullement les Présidens, mais seulement les Officiers de la Couronne. 3. Que comme cette Déclaration étoit contraire & à l'usage constant & perpétuel de l'Etat, & à l'institution des Chevaliers de l'Ordre du S. Esprit, faite seulement quatre ans auparavant par ce même Roi, & aux clauses des Lettres d'érection de ces cinq Ducs, & à leurs droits acquis & confirmés par une possession de plusieurs années, ainsi que le Duc d'Uzez l'avoit si avantageusement fait paroître à la premiere promotion des Chevaliers de cet Ordre : tout le monde sait que ces Lettres n'eurent jamais aucun effet, non plus que les deux déclarations faites par le même Roi un peu auparavant en la même année & la précédente touchant l'érection des Duchés. Car il en créa seulement six nouvelles dans l'année d'après, savoir, Joyeuse, Espernon, Piney, Rhetel, Retz & Elbeuf, avec des clauses toutes opposées à ces deux Déclarations. 4. Que les Rois n'ont pas seulement autorisé le contraire de cet Edit de 1582 dans toutes les rencontres, soit de baptêmes, ou de voyages, ou d'entrées, ou d'assemblées de Notables, ou de Chevaliers, ou d'Etats & de toutes autres cérémonies, mais encore plus expressément par toutes les Lettres d'érection de Pairies qu'ils ont créées depuis ce tems-là, dans lesquelles déclarant au préjudice de cet Edit qu'ils veulent que ces Pairs nouveaux jouissent des mêmes droits & privileges que les anciens, *ils dérogent à tous Edits, Coutumes, Ordonnances, & à tous mandemens, défenses & lettres à ce contraires, & au dérogatoire des dérogatoires d'icelles* : ainsi qu'il paroît dans les Lettres des premieres Pairies créées depuis cet Edit, aussi-bien que dans les autres suivantes. 5. Le Parlement a lui-même vérifié toutes les Lettres nouvelles où ces clauses sont insérées.

Mais il y a deux autres raisons qui ne souffrent point de réplique, pour montrer que les nouveaux Pairs ont la même dignité que les anciens : l'une, que les Pairs Ecclésiastiques sont encore présentement les mêmes qu'étoient les six anciens, & qu'à leur égard on ne peut pas dire qu'ils aient en rien changé depuis cinq cens ans ; or ils ont toujours reconnu & reconnoissent encore à présent les Pairs nouveaux pour leurs Confreres, & n'en peuvent être séparés par qui que ce soit : l'autre, que le Parlement lui-même a autrefois reconnu cette vérité, lorsqu'étant enquis par Charles VII, il répondit nettement que *les Pairs nouvellement créés devoient jouir de pareils privileges & prérogatives que les douze anciens.*

REMARQUES

Sur le septieme Article du Memoire.

Auſſi le Mémoire témoigne-t-il qu'il n'a que foiblement douté de cette égalité des Pairs nouveaux avec les douze anciens, ayant ajouté que *quand même cela ſeroit vrai*, *la cauſe des Préſidens n'en ſeroit pas moins bonne.* Le Mémoire avoit déjà avancé la même choſe au commencement, lorſqu'il dit que les Préſidens avoient été inſtitués *pour précéder les anciens Pairs.* Mais il ſeroit difficile de perſuader par force de raiſonnement, que des Rois d'Angleterre ou Princes de Galles, Ducs de Guyenne, que des Princes du Sang, Ducs de Bourgogne, & que tous ces grands Comtes de Flandres euſſent été précédés dans le Parlement, en la préſence même du Roi, par ces *Maîtres & premiers Maîtres*, ainſi qu'on les appeloit alors; par un Guy Ermenel ou d'Ermenier, Docteur ès Lois, à qui les Rois ne donnoient pas ſeulement le nom de Maître, & par d'autres ſemblables qui n'étoient pas nobles. Et quand même ils l'euſſent tous été en ce tems-là, ainſi qu'il y en avoit alors, & qu'il y en a toujours eu depuis, il n'y a guere d'apparence qu'ils euſſent ſeulement oſé le prétendre.

Le Mémoire néanmoins prétend le prouver, en diſant que *ce n'eſt pas d'eux-mêmes qu'ils tirent cette prérogative, mais du Roi qu'ils ont l'honneur de repréſenter.*

Ce raiſonnement, auſſi-bien que preſque tous les autres du Mémoire, n'eſt fondé que ſur cette même équivoque qui confond les Séances ordinaires avec les Séances des lits de Juſtice. Car s'il eſt vrai que les Préſidens repréſentent le Roi en ſon abſence dans les premieres, il eſt ſans doute qu'ils ne le repréſentent plus dans les autres où il eſt préſent, étant une choſe inouie & contre la force même & la ſignification des mots, de repréſenter ce qui eſt préſent. Et comme Meſſieurs les Préſidens reconnoiſſent eux-mêmes que

que toutes leurs prérogatives ne viennent pas d'eux, mais ſeulement de cette repréſentation, ils doivent auſſi reconnoître que cette repréſentation venant à ceſſer, il eſt néceſſaire que leurs prérogatives ceſſent auſſi.

C'eſt la différence, pour me ſervir des mêmes raiſons qui ſont enſuite dans le Mémoire, *qu'il y a entre les dignités réelles & héréditaires qui ſubſiſtent en elles-mêmes, & qui ne repréſentent que ce qu'elles ſont en effet*, ou plutôt qui ſont en effet tout ce qu'elles repréſentent, & entre des offices qui n'ont aucune ſubſiſtance d'eux-mêmes, & qui ne poſſédent point cette autorité royale qu'ils repréſentent. Car les dignités dont ſont revêtus les Pairs, bien loin de diminuer d'autorité & de force en la préſence du Roi, en reçoivent plutôt une nouvelle augmentation par l'approche de leur ſouverain Chef, qui leur communique une portion de ſon autorité & de ſon honneur. Au lieu que les offices qu'exercent Meſſieurs les Préſidens n'étant qu'une légere image, une ſimple repréſentation, & ſeulement une ombre de la Royauté, ainſi que parle le Mémoire, tout cet honneur ſuperficiel & ce ſombre éclat diſparoît auſſitôt que le ſoleil de la Majeſté royale vient à paroître.

REMARQUES

SUR LA SECONDE PARTIE DU MEMOIRE.

Comme l'ancienne poſſeſſion de l'honneur d'opiner eſt déſavantageuſe à Meſſieurs les Préſidens, le Mémoire, afin de couvrir ce défaut, s'eſt aviſé de compter en confuſion toutes les Séances, où il prétend qu'ils ont opiné en un rang plus honorable que les Pairs ; ayant cru par cet artifice cacher la nouveauté de leur premiere entrepriſe. Mais comme la vérité n'a beſoin que d'éclairciſſement pour être connue, il ne faut que débrouiller cette confuſion affectée, en diſtinguant particuliérement les tems où il y a eu quelque changement, pour faire voir à tout le monde, que la prétendue possession de Messieurs les Présidens a aussi peu de fondement, que le droit que le Mémoire s'efforce d'établir en leur faveur.

Ainsi, afin de mieux faire connoître comment les choses se sont passées depuis l'établissement des Présidens jusques à présent, nous diviserons toute cette suite de tems qui contient plus de 330 années, en quatre tems principaux.

Le premier contient près de trois cens ans, c'est-à-dire, jusques à l'an 1610.

Le second 23 ans, depuis 1610 jusqu'en 1633.

Le troisieme 12 ans, depuis 1633 jusqu'en 1645.

Et le quatrieme 17 ans, depuis 1645 jusqu'au commencement de l'année 1662 qui est le tems auquel les Pairs ont commencé à s'adresser au Roi pour le réglement de ce différend.

PREMIER TEMS.

Le Mémoire, pour ôter créance à ces trois premiers siècles qui ont été si défavorables à Messieurs les Présidens, en ce qui regarde le droit d'opiner, a dit, sans en apporter aucune preuve, que ce n'étoit que depuis 50 ou 60 ans que l'on y avoit observé l'ordre plus exactement qu'auparavant; & ajoute, qu'aussi avant 1551 que le Connétable de Montmorency fut fait Duc & Pair, il n'y avoit eu que des Princes du Sang qui eussent été Pairs de France. Mais il ne considere pas qu'alors les Pairies de Guise & d'Aumale étoient déjà dans la Maison de Lorraine, & les Pairies d'Eu & de Nevers dans celle de Cleves; & il n'a pas fait réflexion sur les anciennes Pairies, qu'il demeure d'accord avoir eu tant de puissance & d'honneur, trois desquelles ont commencé de s'établir & ont subsisté assez long-tems en d'autres mains que des Princes du Sang royal. Car Du Tillet témoigne, & l'histoire le fait assez voir, qu'il n'y avoit au commencement de Princes du Sang de France, que le seul Duc de Bourgogne; les Comtés de Flandres, de Toulouse & de Champagne ayant leurs Seigneurs particuliers, dont les Maisons n'étoient pas assurément si illus-

Erection de Nevers en Pairie pour Engilbert de Cleves par Louis XII en 1505.

Lettres de François I pour la garde noble du Comté d'Eu pour François de Cleves en 1521.

Erection de Guise par François I en 1528 pour Claude de Lorraine.

Erection d'Aumale par Henri II pour François de Lorraine en 1547.

ſtres, ni ſi anciennes que celles de Lorraine & de Cleves.

Quant aux anciennes Séances, il paroît aſſez par les vieux Regiſtres qui ont marqué celle de 1331 pour le procès de Robert d'Artois & de 1378 pour celui de Jean de Montfort, Duc de Bretagne, qu'elles étoient dès-lors fort bien réglées & à l'avantage des Pairs. Car pour la premiere, après que le Regiſtre a marqué les noms des anciens Pairs, il ajoute : *Ces Pairs ſont mis ſi comme ils doivent ſéoir en jugement en préſence du Roi. Et doivent li pairs lais ſeoir à la dextre, & li pairs Clercs ſeoir à la ſeneſtre du Roi.* Et après avoir nommé les Pairs nouveaux, il dit : *Qu'ils doivent ſeoir ſelon le tems, c'eſt à ſavoir, chacun ſied premier ſelon que premier a été fait Pair.* Et dans la Séance de 1378, où il eſt dit, *que le Roi notre Sire étoit ſis en Sa Majeſté Royale, en la maniere qu'il a accoutumé quand il ſied pour Juſtice* : le Regiſtre ajoute, *que les Pairs de France Barons ſeent à la dextre du Roi, & les Pairs de France, Prélats ſeent à la ſeneſtre.* Ce qui marque aſſez que dès ce tems-là, la Séance honorable des Pairs étoit certaine & réglée aux hauts ſieges aux côtés du Roi, ſans que depuis il y ait jamais rien eu de changé juſques à préſent. Et en effet l'on voit dans un diſcours fait par Du Tillet ſur la Séance des Rois en leurs Parlemens, que celle des Pairs aux hauts ſieges, & des Préſidens aux bas ſieges, eſt conſtante & invariable dans tous les lits de Juſtice, *leſquels*, ſelon ce même diſcours, *n'ont accoutumé de ſe tenir que pour choſes concernant univerſellement l'Etat du Roi.*

Le Mémoire rapporte ici quelques Séances dans les années 1504 & 1523, où il dit que les Préſidens & les Conſeillers ont auſſi été aux hauts ſiéges.

Mais quand cela ſeroit, on n'en peut tirer nulle conſéquence contre les Pairs. 1. Parce que Du Tillet, qui marque qu'en cette premiere Séance du 16 Décembre 1504, les Préſidens étoient aux hauts ſieges, dit que les Conſeillers y étoient auſſi, leſquels tout le monde demeure d'accord ne devoir pas précéder les Pairs ; & ainſi Meſſieurs les

Préſidens n'en peuvent tirer aucun avantage. 2. Parce que Du Tillet ne dit point qu'ils y aient opiné avant les Pairs. 3. Parce que Du Tillet dit ailleurs que la droite eſt le côté le plus honorable; de ſorte que les Pairs y étant placés, il y a apparence qu'ils y jouiſſoient auſſi des autres honneurs. 4. Et enfin parce que Du Tillet marque que cette Séance de Louis XII pour la correction de l'amende adjugée contre le Cardinal d'Albret, fut au plaidoyé. Or, il eſt certain que dans ces rencontres, les Rois n'allant au Parlement que pour honorer leur Juſtice, ainſi que parle ce même diſcours attribué à Du Tillet, & y aſſiſter à la plaidoirie des cauſes des particuliers, pour voir comment s'y rend leur juſtice, ils ne changent rien en ces Séances ordinaires, où le Parlement ne s'occupe qu'à ſes naturelles fonctions. C'eſt pourquoi les Pairs, les Préſidens & les Conſeillers y doivent tous être aſſis aux hauts ſieges, ainſi qu'ils le font aux Audiences. Mais lorſque les Rois tiennent leurs lits de Juſtice pour les grandes cauſes; alors c'eſt la Cour des Pairs, & ce ſont eux qui y doivent avoir tous les honneurs.

Quant à la Séance du dernier Juin 1527, non plus qu'aux autres ſuivantes, il n'eſt point dit que les Préſidens fuſſent aux hauts ſieges, & encore moins avant les Ducs d'Alençon & de Vendôme; puiſque quand même ils euſſent été placés en haut, c'eût été au côté gauche; au lieu que les Pairs & même les Eccléſiaſtiques y furent au côté le plus honorable qui eſt le droit, ainſi qu'il paroît par la ſéance que le Roi y donna au Duc d'Albanie, Prince du Sang d'Ecoſſe, entre le Duc d'Alençon & l'Evêque de Langres. Outre que François I ayant ordonné en ce même lit de Juſtice, que *les Pairs ſeroient toujours en ſes Cours & Conſeils les premiers & plus proches de ſa perſonne*, il eſt indubitable qu'ils y doivent être en un rang plus honorable que les Préſidens. Auſſi dans les deux Séances [1] des 8 & 9 Mars de la

[1] Dudit jour 8 Mars 1523 en la Grand'Chambre où étoient le Roi, Meſſeigneurs les Ducs d'Alençon & de Vendôme, Monſieur le Duc de Longueville, Maître Antoine du Prat, Chancelier, Maître Jean

même année, qui étoient Séances de Conſeil, le Cérémonial François marque les noms des Pairs Laïcs & Clercs avant tous les Préſidens.

Et en effet, nous voyons dans la Séance précédente qui fut tenue en 1521 par le même Roi, que le même Duc d'Alençon eſt nommé devant; & que dans la Séance d'après tenue en 1527 auſſi par le même Roi, où il eſt dit *qu'il étoit en ſon ſiege & trône Royal au Parquet du Parlement, tenant ſon lit de Juſtice*, le Regiſtre marque que les Pairs, Chevaliers de l'Ordre & grands Seigneurs étant aux hauts ſiéges au côté droit, & les Pairs Eccléſiaſtiques au côté gauche, les Préſidens n'étoient qu'aux bas ſiéges. Les Séances du 26 & 27 Juillet & 16 & 20 Décembre de la même année, portent la même choſe, ainſi que toutes les précédentes, en remontant juſqu'à l'établiſſement des Préſidens, dans leſquelles pluſieurs Evêques, Maréchaux de France & autres moindres Officiers & Seigneurs particuliers ſont nommés avant tous les Préſidens. En ſorte qu'à l'exception de ces trois ou quatre exemples, où le Mémoire dit que les Préſidens furent aux hauts ſieges, il n'y en a pas un ſeul plus de 300 ans durant, où ils n'aient été aux bas ſiéges, & toujours nommés après tous les Pairs.

Mais il y a plus. Car dans tous les lits de Juſtice, où la circonſtance de recueillir les voix a été marquée, & même depuis le tems que le Mémoire demeure d'accord que les Séances ont commencé à ſe régler, les Regiſtres du Parlement témoignent que les Pairs y ont toujours opiné avant tous les Préſidens, comme les 16 & 20 Décembre 1527 & le 15 Janvier 1536 ſous François I, en 1549 ſous Henri II,

de Selve, Premier, T. Baillet, C. Guillard & A. le Viſte, Préſidens.

Dudit Mercredi, 9 Mars 1523 au Conſeil à la Grand'Chambre, où étoient le Roi, Meſſeigneurs les Ducs de Vendôme & d'Alençon, Pairs de France lais; Meſſieurs l'Evêque & Comte de Châlons, l'Evêque & Comte de Noyon, Pairs de France, Clercs, le Duc de Longueville, Maître Antoine du Prat, Chancelier, J. de Selve, Premier Préſident, &c.

en 1563 ſous Charles IX, en 1581 & en 1583 ſous Henri III, & en 1594 ſous Henri IV.

SECOND TEMS.

Mais quand la poſſeſſion des Pairs qui a été ſi conſtante juſqu'en l'an 1610 ne ſeroit pas marquée auſſi clairement qu'elle l'eſt dans les Regiſtres mêmes du Parlement, les paroles du Garde dês Sceaux de Marillac en ſon traité des Chanceliers ſuffiroient ſeules pour faire voir que juſques alors les Préſidens n'avoient jamais eu la penſée de le conteſter aux Pairs, & que ce qui s'eſt paſſé en 1610 n'a été qu'une entrepriſe toute nouvelle & une véritable uſurpation.

Car ce Garde des Sceaux, dont la réputation le met aſſez à couvert du manque de ſincérité, parlant du dernier lit de Juſtice de Henri IV en 1597, dit que le Chancelier de Chiverny y avoit pris les voix des Pairs avant celles des Préſidens, *ſelon l'ancienne Coutume.* Puis en parlant du lit de Juſtice ſuivant, tenu en 1610 aux Auguſtins après la mort de Henri IV, il dit que le Chancelier de Sillery *introduiſit un ordre, non encore uſité, en prenant l'avis des Préſidens avant celui des Princes du Sang & des Pairs.* Une autre relation, ainſi que le marque l'hiſtoire imprimée des Chanceliers, dit que ce fut *contre l'ancienne coutume.*

Cette premiere entrepriſe commence le ſecond tems que nous avons marqué juſqu'en 1633, durant lequel cette nouvelle poſſeſſion des Préſidens fut par quatre fois interrompue; ſavoir, aux lits de Juſtice de 1616, 1621, 1622 & 1629.

[1] Le Mémoire ne demeure pas d'accord de la Séance de

[1] Au lit de Juſtice du Roi au Parlement de Paris le 7 de Septembre 1616, Monſieur Du Vair, Garde des Sceaux, recueillit les avis de cette ſorte. Il parla au Roi, puis à la Reine Mere, puis à Monſieur & à tous les autres Seigneurs qui étoient au même banc. De là prit avis des Pairs Eccléſiaſtiques, puis deſcendit en bas pour prendre avis de Meſſieurs les Préſidens de la Cour. *Paroles du Garde des Sceaux de Marillac.*

1616 ſur ce que les Regiſtres du Parlement portent que *l'on prit l'avis de la Reine & de tous*. Mais cette relation obſcure de l'ordre ſelon lequel on y prit les voix, ne déterminant rien de la choſe, & le Garde des Sceaux de Marillac diſant poſitivement que le Garde des Sceaux du Vair alla prendre l'avis des Préſidens avant celui de tous ceux qui étoient des deux côtes aux hauts ſiéges, il eſt ſans doute qu'il en doit être plutôt cru.

Le Mémoire demeure bien d'accord que le lit de Juſtice de 1621 fut pour les Pairs; mais il s'en défend par une aſſez plaiſante raiſon, diſant que c'étoit parce que le Chancelier de Sillery avoit la goute. Si cette réponſe étoit recevable, il ſeroit bien facile d'éluder tous les autres lits de Juſtice, où les Chanceliers & Gardes des Sceaux, après avoir parlé au Roi, n'ont pas pris la peine de deſcendre en bas pour recueillir l'avis des Préſidens avant que d'aller aux Pairs. Mais il y a apparence que l'on ajoutera plus de foi à ce que l'on a ſçu de bonne part en être la vraie cauſe, qui eſt que le Chancelier de Sillery avoit eu un tel regret d'avoir été le premier à introduire en faveur des Préſidens cet uſage nouveau & abuſif contre l'uſage ancien & légitime, qu'il voulut reſtituer aux Pairs en 1621, ce qu'il leur avoit injuſtement ôté en 1610, & continua de même en 1622. Car quoiqu'on diſpute aux Pairs ce dernier lit de Juſtice [1], parce

[1] *Nota* qu'au procès verbal enregiſtré au Parlement en Juin 1622 de ce qui ſe paſſa en ce lit de Juſtice, où les opinions furent reçues par M. le Chancelier de Sillery, l'ordre a été *perverti & tranſpoſé* par le Commis du Greffe qui l'a dreſſé, pour ne pas interrompre la poſſeſſion des Préſidens d'opiner immédiatement après le Roi, où il eſt porté que l'on prit leurs avis avant celui de Meſſieurs les Princes de Condé & de Soiſſons, & des Ducs & Pairs, *cela ſe trouvant faux*. Car il monta au Roi, puis prit l'avis des Cardinaux, & après celui des Princes, Ducs & Pairs & Maréchaux de France, & deſcendit pour prendre celui des Préſidens. *Paroles écrites de la main de Monſieur Saintot à la marge de ſon Regiſtre.*

Monſieur le Garde des Sceaux du Vair ayant reçu la volonté du Roi, prit l'avis des Cardinaux, Ducs & Pairs & Maréchaux de France, & deſcendit aux Préſidens, qui, ayant été d'avis de faire quelques remontrances ſur l'Edit, Monque les Regiſtres du Parlement le marquent contre eux, feu Monſieur Saintot qui le rapporte en faveur des Pairs, ſemble être en cela un témoin d'autant plus croyable, qu'il eſt plus déſintéreſſé; que ſa charge l'obligeoit à remarquer plus particulièrement toutes ces petites circonſtances, leſquelles les Regiſtres du Parlement qui ſervent principalement de témoignage aux choſes plus conſidérables & eſſentielles, ne ſont pas obligés d'obſerver ſi exactement, & que ce ne peut pas être par inadvertance, puiſqu'il fait ſa remarque à la marge de l'extrait même du Regiſtre, & comme en étant mieux informé ou plus ſincere que n'avoit pas été le Commis du Greffe. Car pour ce qui eſt des choſes importantes, perſonne ne doit douter de la foi du dépôt public qui ſe conſerve dans ces Regiſtres. Et après tout en des circonſtances purement de fait, comme eſt celle-là, il n'y a perſonne, ſoit le Greffier ou ſes Commis, ſoit les Préſidens, ſoit même les Chanceliers, qui ne ſe puiſſe méprendre. C'eſt pourquoi bien que les Regiſtres marquent encore ce lit de Juſtice de 1629 en faveur des Préſidens, il y a plus de ſujet d'en croire ce qu'en dit feu Monſieur Saintot, puiſqu'il en obſerve dans ſes Mémoires juſques aux moindres circonſtances, & qu'il remarque avec la derniere exactitude qu'en ce ſeul lit de Juſtice *l'on fut deux fois aux opinions dans le même ordre*; c'eſt-à-dire, que les Pairs y opinerent toutes les deux fois avant Meſſieurs les Préſidens.

Le Mémoire rapporte deux lits de Juſtice, l'un tenu au Parlement de Rouen en 1620, & l'autre en celui de Bordeaux en la même année, & tous deux à l'avantage des Préſidens. Mais on n'en doit attribuer la cauſe qu'au mauvais exemple qu'en avoient donné ceux du Parlement de Paris en 1614 & 1610, puiſque l'on voit en un lit de Juſtice tenu au même Parlement de Bordeaux en 1615, lorſque ces premiers exemples n'avoient pas encore éclaté ſi loin; & dans un autre lit de Juſtice tenu en 1563, en

ſieur le Garde des Sceaux retourna encore aux opinions dans le même ordre. *Paroles de feu M. Saintot au même lieu.*

celui

celui de Rouen avant cette premiere entreprise, que selon le rapport du Garde des Sceaux de Marillac, les Pairs opinerent avant les Présidens. Ce Garde des Sceaux rapporte encore une autre Séance tenue deux ans après, savoir en 1565 au Parlement de Toulouse, où les Pairs eurent le même avantage.

Il faut aussi remarquer que toutes les fois que les Présidens ont opiné avant les Pairs depuis 1610 jusqu'en 1632, ils ont aussi toujours opiné avant Messieurs les Princes du Sang; & ce qui seroit incroyable, si leur Registre ne l'avoit marqué, est qu'au lit de Justice de 1614, ils opinerent même avant la Reine. De sorte que toutes ces Séances prouvant trop, ne peuvent rien prouver au désavantage des Pairs.

Mais en 1632, Messieurs les Princes rentrerent dans une paisible possession de leur droit d'opiner avant les Présidens; en sorte que depuis elle n'a jamais été interrompue. Le Mémoire en attribue la seule cause au feu Cardinal de Richelieu, & fait un long discours contre la mémoire de ce grand Ministre, qui a rendu en son temps de si grands services à cet Etat. Mais Messieurs les Présidens n'ont pas sujet de se plaindre, si ce Cardinal a porté le feu Roi à faire rendre en cette occasion aux Princes de son Sang royal, l'honneur & le respect qui leur est si justement dû; outre que depuis ils sont toujours demeurés d'accord de leur céder cet avantage de l'opinion. Or, le leur cédant, ils n'ont nulle raison de le contester aux Pairs, puisque Messieurs les Princes du Sang ne prennent Séance dans le Parlement que comme les premiers des Pairs, ou Pairs nés, & que dans les assemblées ordinaires qui servent d'unique fondement à la prétention des Présidens, Messieurs les Princes du Sang n'y sont pas plus avantageusement traités en ce qui regarde l'opinion, que les autres Pairs [1]

[1] Le pacte fait en 856 sous Charles le Chauve, *de n'être jugé que par ses Pairs*, exclut de la Cour des Pairs quiconque n'est pas Pair; & depuis que la Pairie est annexée à la glebe d'un grand fief mouvant de la Couronne, la Cour des Pairs étant *féodale*, on ne peut en être membre, mais simplement assesseur, quand on n'a point de fief semblable.

TROISIEME TEMS.

Dans le lit de Justice de l'année suivante 1633, les Pairs rentrerent dans leur ancienne possession, & s'y maintinrent douze ans durant, sans qu'elle ait été interrompue en quelque lit de Justice que ce soit, jusques après la mort du feu Roi.

Le Mémoire attribue aussi ce changement au Cardinal de Richelieu, comme s'il y avoit contribué, en haine de ce que les Présidens s'étoient plaints de ce qu'il avoit opiné avec Messieurs les Princes du Sang, & de ce qu'ils l'avoient empêché de passer dans le Parquet, ainsi qu'il avoit voulu faire pour acquérir ce droit à ses successeurs Ducs de Richelieu. Comme si ces droits extraordinaires, & qui ne sont point marqués dans les Lettres d'érection, pouvoient être acquis à des successeurs par une seule action; & qu'il fût nécessaire d'aller rechercher si loin les raisons d'une chose qui étoit si fort dans l'ordre & si légitime. Et en effet, bien loin de blâmer en cette occasion le Cardinal de Richelieu, il mérite beaucoup de louanges d'avoir contribué par la vigueur & la prudence de ses conseils, à rétablir l'ancien ordre, qui n'avoit alors commencé à être violé que depuis vingt-deux ans, & encore dans une minorité & durant le commencement d'un regne plein de troubles & de mouvemens.

Les remarques que l'on a ajoutées à la marge du Mémoire, lesquelles font voir clairement que l'on avoit lu celui des Pairs, observent que le lit de Justice de 1643 étoit une Séance de Conseil, où l'honneur consiste à opiner le dernier; & qu'ainsi Messieurs les Présidens y ayant opiné après les Pairs, ils y eurent tout l'avantage. Mais si cela étoit véritable, on pourroit conclure que les Pairs y auroient opiné en un rang plus honorable que Monsieur le Prince, & Monsieur le Prince en un rang plus honorable que Monsieur le Duc d'Orléans, & Monsieur le Duc d'Orléans en un rang plus honorable que la Reine même, puisque la Reine Mere commença, que Monsieur le Duc d'Orléans la suivit, que Monsieur le Prince opina ensuite, & que les Pairs opinerent après la Maison Royale. Et d'ailleurs, tout le reste du Parlement ayant opiné après les Pairs, auroit donc opiné en un rang plus honorable? De sorte que l'on ne peut dire que Messieurs les Présidens y ayent eu l'avantage. Outre que, selon le discours attribué à Du Tillet, dont nous avons déjà parlé, les Rois & les Pairs & les Présidens doivent tous être aux bas sieges en ces Séances de Conseil.

Aussi les Pairs prétendent que quelque changement qu'on introduise en lamaniere d'opiner, on ne le peut faire à leur préjudice, & que soit que le Roi tienne une Séance de Conseil, ou une Séance d'un autre nom, ils doivent toujours en sa présence, lorsqu'il tient sa Cour des Pairs, opiner dans le rang le plus honorable; c'est-a-dire, les premiers, lorsque l'honneur consiste à opiner le premier, & les derniers lorsque l'honneur consiste à opiner le dernier. Et en effet, les Pairs conservant toujours l'avantage de leur Séance aux hauts sieges, & ayant toutes les mêmes raisons de prééminence sur les Présidens, qui ont été dites en toutes les Séances où le Roi se trouve présent, il n'y a nulle raison & nul fondement de leur ravir l'honneur de l'opinion sous prétexte d'une petite formalité qui ne doit pas y causer un changement si essentiel. Outre que ces formes & ces manieres du Palais étant au-dessous de la connoissance des Rois, il ne dépendroit que de l'intelligence d'un Chancelier ou d'un Garde des Sceaux avec les Présidens, pour ôter aux Pairs une partie de l'honneur que leurs dignités leur donnent droit d'avoir dans tous les lits de Justice.

QUATRIEME ET DERNIER TEMS.

Le quatrieme & dernier temps a commencé au lit de Justice de 1645; & comme c'étoit un tems de minorité, il n'est pas étrange que les Pairs y aient perdu la seconde poſſeſſion où la force de leur ancien droit les avoit maintenus durant douze années. Et comme cette minorité a été agitée & ſuivie de mouvemens, de troubles & de déſordres, il eſt encore moins étrange que Meſſieurs les Préſidens y aient continué cette ſeconde uſurpation durant 17 ou 18 ans, malgré les proteſtations & les difficultés d'opiner après eux, que pluſieurs Pairs ont ſouvent faites en divers lits de Juſtice.

Mais enfin l'autorité royale étant pleinement rétablie depuis la paix, les Pairs ont commencé à réclamer contre cette injuſte poſſeſſion. Ils ſe ſont adreſſés au Roi pour leur en faire juſtice il y a déjà plus de deux ans; & Sa Majeſté la leur ayant fait eſpérer avec beaucoup de bonté, leur déclara que juſques à ce que la choſe fût décidée, tout ce qui ſe paſſeroit en ces rencontres ne tireroit point à conſéquence.

Mais il y a plus. Car au lit de Juſtice du 27 Février 1662, les Pairs s'étant levés lorſque Monſieur le Chancelier alla demander l'avis à Meſſieurs les Princes du Sang, ils opinerent en ce même tems, & pas un ne voulut opiner, après que Monſieur le Chancelier fut deſcendu aux Préſidens. De ſorte que le Mémoire n'a pas ſujet de compter pour Meſſieurs les Préſidens ce lit de Juſtice, non plus que le dernier de 1663, où l'on fit opiner, ainſi qu'au Conſeil, puiſque le Roi avoit fait l'honneur de dire à quelques-uns des Pairs avant que d'aller au Palais, que cette Séance ne leur pourroit préjudicier.

De tout ce qui a été dit dans les Remarques de cette ſeconde partie, l'on peut conclure que le droit ancien des Pairs ayant été confirmé par une poſſeſſion de 300 ans, n'a pu ſe perdre par une uſurpation faite ſans raiſon & ſans fondement, ſans aucun ordre de la part du Roi, ſans aucune Déclaration émanée de ſon autorité ſouveraine, dans la conjoncture de la mort de Henri le Grand & dans un tems de minorité, puiſque ſi une entrepriſe de cette nature s'autoriſoit de la ſorte, il n'y auroit point de droit, quelque juſte & quelque inviolable qu'il pût être, ni de poſſeſſion, quelque longue & quelque confirmée qu'elle fût, qui pût jamais être en assurance. Or, si le droit des Pairs n'a pas pu se perdre par cet acte d'usurpation de 1610, il n'a pas pu non plus recevoir d'atteinte par une possession de vingt-deux ans, qui a été interrompue par quatre fois, & qui a tout-à fait cessé en 1633. Et cette paisible possession que les Pairs ont eue ensuite durant douze ans sans aucune interruption, a été sans doute plus que suffisante pour abolir & effacer entiérement tout ce qui s'étoit passé d'irrégulier & d'illégitime depuis cette premiere entreprise.

Que si une seconde minorité a fait une seconde fois interrompre cette ancienne possession des Pairs; & si une suite de mouvemens & de troubles qui ont agité l'Etat, les a empêché d'y pouvoir rentrer jusques à l'entier rétablissement de l'autorité royale, on ne peut pas pour cela prétendre contre eux qu'une possession, ou plutôt une usurpation de dix-sept ans puisse prescrire contre un dtoit aussi ancien, aussi essentiel à leur dignité & aussi constamment établi qu'est celui d'opiner les premiers aux lits de Justice; puisque pour un simple arpent de terre il faut pour prescrire au moins trente ans de possession

CONCLUSION.

La conclusion que le Mémoire prétend tirer de tout ce qu'il avance à l'avantage de Messieurs les Présidens, est que *le Roi est le plus intéressé à conserver la prééminence du Parlement, parce qu'ils n'ont d'autre autorité que celle du Roi; qu'ils dépendent immédiatement de lui, & qu'ils n'agissent que sous son nom: au lieu que les Pairs ont en quelque maniere leur rang attaché à leur naissance & à des dignités héréditaires, ausquelles on peut dire que le Roi n'a point de part que lorsqu'il les donne.*

L'on peut faire sur cela plusieurs remarques.

1. Que les Pairs étant les membres du Corps, dont le Roi est, non seulement l'unique Chef, mais le Chef si ab-

ſolument néceſſaire, qu'ainſi qu'il a déjà été dit, il ne peut être ſuppléé par aucune repréſentation que ce ſoit; il n'y a point d'union plus étroite, de liaiſon plus inſéparable, ni de dépendance plus eſſentielle que la leur avec le Roi, ſans lequel non-ſeulement ils ne peuvent point, comme Pairs, rien faire de conſidérable, mais même ne peuvent pas être Pairs. Mais les Préſidens [1] prétendant, au moins par repréſentation, être ce Chef même, ils n'ont point de liaiſon ſi néceſſaire avec lui, puiſqu'ils pourroient être Préſidens ſans lui, ainſi qu'il y en a en des Etats qui ne ſont pas monarchiques, & qu'ils s'aſſemblent & agiſſent ſans lui dans toutes leurs Aſſemblées ordinaires.

2. Que les Pairs, comme membres & portions de la

[1] *Rex Angliæ eſt Par Regni Franciæ pro Ducatu Aquitaniæ quem tenet in feodoligio a prædicto Domino noſtro Rege; qua de cauſa ad* omnem fidelitatem & conſervationem ſalutis & honoris Domini Regis Franciæ *dictus Rex Angliæ tenetur, tam de ratione quàm de jure.* Acte de Philippe de Valois en 1337.

Les Pairs de France & Patrices *ſont membres du Roi & de la Couronne de France*, ils ſont comme les Patrices de l'Empereur, les principaux Conſeillers du Royaume, *les pierres précieuſes qui ſont à la Couronne du Roi*, & ſont *partie de ſon corps.* Et pour cauſe de leurs Pairies, ils mettent la main à la coronation du Roi, jugent avec lui, le conſeillent ès affaires qui touchent le Royaume, lui aident en ſes guerres pour la défenſe de la Couronne. *Extrait des Régiſtres du Parlement, contenant les raiſons alléguées par Jean de Monfort, Duc de Bretagne en* 1340.

Le Cardinal de Boulongne dit au Roi de Navarre. Vous êtes ſon homme & ſon Pair. *Lit de Juſtice du Roi Jean en* 1353.

Il doit être remontré par leſdits trois Etats à Monſieur de Bourgogne.... qu'il eſt auſſi Pair de France, & qu'il doit garder les droits de la Couronne, & s'employer au bien du Royaume, *Etats généraux tenus à Tours en* 1467.

La prééminence que le Roi a à cauſe de ſa couronne, & auſſi les Pairs à cauſe de leurs Pairies, & comme ils doivent être protecteurs & gardes de la Couronne. *Diſcours de Jean Magiſtri Advocat du Roi au lit de Juſtice de Charles VIII en* 1487.

Cujus honorem, noſtrum, & Regni noſtri proprium arbitramur. Philippe le Bel écrivant au Pape Clément V en 1307.

Le Procureur Général du Roi propoſa que les Pairs furent créés pour ſoutenir la Couronne, comme les Electeurs furent ordonnés pour ſoutenement de l'Empire, en 1410 dans le Parlement.

Couronne, comme ſes gardes & ſes défenſeurs, & comme étant inſtitués pour la maintenir & par leur épée & par leurs conſeils, ainſi qu'en parlent les Rois mêmes, ſont obligés plus étroitement que perſonne à la conſervation de la Royauté, & en font un ſerment de fidélité plus particuliere que tous les autres; parce qu'il y va tellement de leur intérêt de la maintenir, que plus le Royaume eſt puiſſant, & plus l'autorité Royale y eſt affermie, plus ils ſont grands & élevés, & plus leur dignité en eſt en ſon luſtre. Mais il n'en eſt pas de même des Préſidens, à l'égard deſquels plus l'autorité Royale eſt en ſa force, plus la leur qui n'en eſt que la repréſentation, doit diminuer & s'affoiblir. D'où vient que leur pouvoir eſt ordinairement bien moindre dans les Majorités que dans les Régences.

3. Que les Pairs n'ayant reçu par leur dignité qu'une portion de l'honneur & de l'autorité Royale, ils ne peuvent jamais paroître autrement que comme des membres de la Royauté, qui ont néceſſairement au-deſſus d'eux le Roi pour leur Chef, dans lequel ſeul réſide la plénitude d'honneur & d'autorité. De ſorte que ne repréſentant que ce qu'ils ſont, il ne leur eſt pas poſſible d'abuſer de l'autorité qui leur a été communiquée. Mais les Préſidens ayant reçu, ainſi que parle le Mémoire, les marques mêmes de la Royauté qu'ils repréſentent en tout ce qui regarde leurs fonctions; & leur autorité n'étant autre choſe que le pouvoir même & l'autorité Royale, au moins par repréſentation & par exercice, il eſt certain qu'il leur ſeroit bien plus facile d'en abuſer.

4. Qu'en effet les Pairs, nonobſtant ce que dit le Mémoire, ont donné en tous les tems des marques ſi ſignalées de leur zèle & de leur fidélité pour la Couronne, & y ont rendu de ſi grands & de ſi importans ſervices à l'Etat, qu'il ne s'en trouvera aucun, qui en qualité de Pair, & en ce qui regarde les fonctions à quoi l'oblige ſa dignité, ait manqué eſſentiellement à ſon devoir. Car s'il y en a quelqu'un qui en ſoit ſorti, ce n'a point été pour avoir abuſé

de l'exercice de ces éminentes fonctions, mais par d'autres voies & d'autres moyens qui n'avoient rien de commun avec les droits de la dignité. Mais s'il y a jamais eu des Présidens qui se soient éloignés de leur devoir, ou qui s'en éloignent à l'avenir (ce que le Roi n'a pas lieu de craindre de la fidélité de ceux qui le sont présentement) il est sans doute que ce ne peut être qu'en n'usant pas, comme ils doivent de cette autorité royale qu'ils représentent, & dont ils sont extérieurement revêtus.

5 Que jamais les Pairs ne se sont unis ensemble contre leur devoir; que tout le Corps entier n'a jamais manqué, & qu'il est même comme impossible que cela puisse être; puisqu'ayant tous des intérêts particuliers & différens les uns des autres, il est visible que tous ces intérêts ne se pourroient jamais accorder contre leur devoir. Aussi l'Histoire témoigne-t-elle que toutes les fois que quelqu'un des Pairs s'est oublié de la soumission qu'il devoit au Roi, tous les autres s'étant aussi-tôt unis pour venger l'injure faite à cette autorité Royale dont ils sont les principaux défenseurs, l'ont condamné d'un commun accord. Il n'en est pas de même des Officiers des Compagnies, dont les particuliers entrant ordinairement tous dans un intérêt commun, ne se désunissent gueres, mais s'entresoutiennent ordinairement les uns les autres.

6. Que les Rois ont une telle part dans les Pairies, dans lesquelles ils ont communiqué une portion de leur autorité & de leur honneur, qu'ils les peuvent considérer comme quelque chose d'eux-mêmes qui réside en ces éminentes dignités, & qui les anime tant qu'elles durent, pour retourner lorsqu'elles s'éteignent, à cette source primitive de toute grandeur. Et d'autre part les Pairs ont lieu de se considérer non-seulement comme des portions & des membres de la Royauté, mais même comme des ouvrages & des créatures des Rois qui les ont faits & créés Pairs; & ils en demeurent d'autant plus étroitement obligés à leur bonté excessive & toute Royale, qu'ils ont rendu en leurs personnes

ou

ou en celles de leurs ancêtres cette faveur qui n'a point de prix, héréditaire dans leurs familles, comme pour en perpétuer la reconnoiſſance. Mais les charges des Préſidens n'étant plus en la diſpoſition des Rois depuis qu'elles ſont vénales, il eſt vrai de dire qu'ils n'y ont plus gueres de part, depuis qu'ils ont une fois ſouffert qu'elles entraſſent dans le commerce. Et celles mêmes qui ſe donnent ou qui s'obtiennent avec agrément n'étant qu'à vie, impriment une plus foible reconnoiſſance & un bien moindre attachement d'obligation dans l'ame de ceux qui reçoivent cette grace paſſagere & qui n'eſt que pour un tems.

D'où il faut conclure que le Roi a bien plus d'intérêt d'élever les Pairs que les Préſidens; puiſque le Roi n'a rien à craindre de la part des Pairs; qu'il en peut eſpérer toute ſorte de ſervices; que c'eſt, ainſi que parloit autrefois le Duc de Bourgogne[1], *la premiere dignité de l'Etat;* mais une dignité ſi particuliere à la France, que nul Royaume, je ne dis pas de l'Europe, mais de tout le monde, n'en a de ſemblable; & enfin que c'eſt aux Rois le moyen le plus facile & le plus avantageux pour récompenſer, ou la naiſſance, ou le mérite, ou les ſervices de ceux qu'il leur plaît d'entre leurs ſujets.

Mais outre que Sa Majeſté eſt aſſez éclairée par elle-même pour connoître mieux que perſonne ce qui eſt véritablement de ſon intérêt, il eſt viſible par la maniere dont elle gouverne, qu'elle met ſon premier intérêt à faire juſtice & à rétablir durant ſon règne tout ce que dans les ſiécles paſſés ou la mauvaiſe adminiſtration, ou la foibleſſe du Gouvernement, ou les troubles de l'Etat y avoient cauſé de déréglement & de déſordre. Et comme le Parlement ne

[1] Combien, mon très-cher Seigneur, que je ſois non-ſeulement Pair de France, mais Doyen des Pairs, qui eſt *la premiere dignité, nobleſſe & prérogative qui* à cauſe de Seigneurie ſoit *en ce Royaume* après la Couronne. *Paroles du Duc de Bourgogne au Roi Charles VI en* 1415.

Es uſages de fiefs le Duc eſt le premier après le Roi. *Du Tillet du rang des Grands de France.*

ſouffre aucune diminution de ſa légitime autorité dans cette rencontre, où ne s'agiſſant que de l'intérêt des Préſidens qui ſe veulent ſéparer des Conſeillers pour ſe mettre au-deſſus des Pairs, il n'y avoit nulle néceſſité d'aſſembler tout le Corps pour un différend particulier ; les Pairs ont tout ſujet d'eſpérer que dans les tems calmes & tranquilles dont nous jouiſſons, cette autorité royale qui eſt en vénération par tout le monde, s'employera à relever la plus éminente dignité qui puiſſe orner ſon Etat, & à réduire dans leurs bornes anciennes & légitimes les prétentions que Meſſieurs les Préſidens ont formées depuis quelque tems contre les juſtes droits des Pairs & leurs anciennes prérogatives.

Ce Mémoire a été préſenté au Roi à Saint-Germain en Laye, le Mars 1664 par Meſſieurs les Pairs, & ſigné de ceux qui ſuivent.

L'EVESQUE ET DUC DE LAON.
L'EVESQUE ET DUC DE LANGRES.
L'EVESQUE ET COMTE DE NOYON.
LE DUC DE GUISE.
LE DUC D'UZEZ.
LE DUC D'ELBEUF.
LE DUC DE MONTBAZON.
LE DUC DE SULLY.
LE DUC DE LUYNES.
LE DUC DE BRISSAC.
LE DUC DE CHAULNES.
LE DUC DE RICHELIEU.
LE DUC DE RETS.
LE DUC DE S. SIMON.
LE DUC DE GRAMMONT.
LE DUC DE VILLEROY.
LE DUC DE MORTEMAR.
LE DUC DE CRÉQUY.
LE DUC DE S. AIGNAN.
LE DUC DE RANDAN.
LE DUC DE LIANCOUR.
LE DUC DE NOAILLES.
LE DUC DE COASLIN.

SECOND MEMOIRE

DE MESSIEURS

LES PRÉSIDENS AU MORTIER.

Pour servir de Réponse au troisieme & dernier Mémoire de Messieurs les Pairs.

Le Parlement avoit sujet de desirer qu'on lui donnât communication des moyens sur lesquels les Pairs appuyent leur prétention pour le rang d'opiner dans les lits de Justice, avant que de faire voir aucune chose de sa part. Car comme les Pairs sont demandeurs, & veulent lui ôter une très-longue & ancienne possession, il étoit de l'ordre qu'il connût quelle étoit leur demande avant que d'y répondre.

Néanmoins pour satisfaire avec plus de diligence & d'exactitude à la volonté du Roi, il n'a point voulu différer à rendre compte à Sa Majesté de la possession dans laquelle il est depuis un si long-tems : il a ajouté les raisons sur lesquelles cette possession a été établie, sans avoir aucune connoissance de ce que ceux qui l'attaquent lui veulent opposer, & il n'a rien réservé à dire pour soutenir en cette occasion les droits du Roi, qui sont toujours inséparables du rang que les Officiers de Sa Majesté doivent avoir, & de la considération en laquelle ils doivent être.

Ces Mémoires du Parlement ont été publics ; les Pairs les ont vus aussi-tôt qu'ils ont été dressés, & ainsi ils ont pris d'abord cet avantage, qu'avant que de faire connoître leurs raisons, ils ont sçu toutes celles qui leur pouvoient être contraires.

Ils ont seulement communiqué une requête dressée (comme l'on fait) il y a deux ans, qui ne contient que des choſes générales, & qui ſe détruiſent ſi fort d'elles-mêmes, qu'elles ne méritent quaſi pas de réponſe: Et en même tems ils ont mis tous leurs principaux moyens & tout ce qu'ils ont cru pouvoir ſervir à leur cauſe dans un grand Mémoire qu'ils veulent faire paſſer pour réponſe à ceux du Parlement, auquel ils en ont ôté la connoiſſance par un ſecret extraordinaire, quoiqu'il ſoit en effet leur véritable demande.[1]

Cependant il n'eſt pas difficile de donner de belles couleurs à une cauſe, & de la mettre dans un jour avantageux, quand on rompt de la ſorte les meſures à tout ce qu'on y pourroit répondre; & ſi cela eſt contre l'ordre en toute autre conteſtation, il l'eſt encore d'avantage en celle-ci: Car comme elle touche beaucoup de faits qui ſe trouvent aſſez obſcurs, lorſqu'on veut remonter dans l'antiquité, & que pluſieurs auteurs en ont parlé, ſans avoir pénétré ce qu'il y a de véritable, il eſt aiſé, quand on ne craint point d'être contredit, d'avancer beaucoup de choſes qui ſemblent être appuyées par des autorités, & qui paroiſſent d'abord auſſi éclatantes, qu'elles ſe trouveroient en effet peu ſolides, ſi elles étoient bien éclairées.

Il eſt vrai que ſi ceux qui travaillent depuis ſi long-tems à ce dernier écrit, n'ont pas eu plus de ſoin de s'aſſurer de la vérité des Mémoires dont ils ſe ſont ſervis, que ceux qui ont dreſſé cette premiere requête, les Pairs ont grand intérêt d'empêcher que le Parlement n'en ait aucune connoiſſance.

Mais il eſt auſſi tout-à-fait important pour lui que cette cauſe ne ſoit point décidée ſans qu'il ait communication, ſuivant les ordonnances de tout tems obſervées dans ce Royaume, des moyens dont les Pairs font tant de bruit, & par leſquelles ſeulement ils prétendent ſoutenir leur demande.

C'eſt pourquoi l'on eſpere de la juſtice & de la bonté du Roi, que quand Sa Majeſté aura fait réflexion qu'il a été tout-à-fait inutile au Parlement qu'on lui ait communiqué

[1] Leur Requête contenoit tous leurs moyens, & leur mémoire une ſimple replique ou réfutation des moyens contraires.

cette requête, puiſqu'il n'y paroît rien de conſidérable, & que l'on n'y répond que par un effet d'obéiſſance toute entiere, Elle aura bien agréable la très-humble & très-inſtante ſupplication que ſon Parlement lui a déjà faite, & qu'il lui réitere encore de ne point ſouffrir que les Pairs prennent cet avantage de ſavoir tout le détail des exemples & des raiſons qu'il a propoſées pour ſa défenſe, ſans qu'il puiſſe connoître aucune des choſes dont on ſe ſert pour l'attaquer.

Pour examiner donc cette requête dans le détail, & faire juger par les mauvais fondemens ſur leſquels elle eſt établie, ce que l'on doit préſumer de ces autres Mémoires, que l'on n'a point vus, on peut dire que c'eſt ſans ſujet que les Ducs & Pairs donnent le nom d'une prétention nouvelle à un droit ſi bien établi.

Il a déjà été dit que l'on a donné ſans ſujet le nom de prétention nouvelle à l'ancienne poſſeſſion, dans laquelle ſont les Préſidens du Parlement, d'opiner avant les Pairs dans les lits de Juſtice, puiſque jamais la conſervation d'une poſſeſſion ne fut appellée nouveauté ; & il a été juſtifié par les Mémoires donnés au Roi, que depuss 1597, cette poſſeſſion a été continuée vingt-huit fois; que l'interruption qu'elle a ſoufferte en cinq lits de Juſtice pendant tout ce tems, ne peut être tirée à aucune conſéquence par les raiſons qu'il n'eſt pas beſoin de répéter; que toutes les ſeize Séances du Roi en ſon Parlement, c'eſt-à-dire, toutes celles qui ont été depuis le commencement de ſon Regne, ont confirmé ce droit & cette poſſeſſion, & que l'un & l'autre ſe trouve auſſi établi par les Séances des Rois dans les autres Parlemens, comme celui de Rouen & de Bordeaux dont les exemples ſont rapportés. Et ainſi il eſt aiſé de voir que la nouveauté eſt toute entiere dans la prétention des Ducs & Pairs, puiſqu'ils ne ſe contentent pas de tenir le même rang dans le Parlement, dont ceux qui les ont précédés dans ces mêmes dignités ont été fort ſatisfaits, & qu'ils veulent entreprendre ſur un Corps dont ils ont defiré avec tant d'ardeur & d'empressement de faire partie.

Mais pour montrer davantage combien cette nouvelle prétention contre le Parlement est mal fondée, il faut faire deux choses.

La premiere est de répondre à ce qu'ils alléguent contre les exemples & la longue possession qui leur est opposée.

La seconde est de détruire une imagination qu'ils tâchent d'insinuer sans aucun fondement, que la possession du Parlement commence en 1610, & qu'avant ce tems ils avoient une suite d'exemples pour eux, dont ils prétendent que l'ancienneté est égale à celle des Pairies dans le Royaume.

Pour l'une, il suffiroit de dire que ces exemples sont extraits des Registres du Parlement, puisque jusques ici personne n'avoit encore douté de la fidélité de ce dépôt public qui n'a jamais été violée; & si on la pouvoit révoquer en doute, ce ne seroit pas dans les actes dont il est question, puisqu'il est certain que les Registres des Séances des Rois au Parlement sont visées par les Chanceliers qui y président, & non point par le Premier Président, ni aucun autre des Présidens.

Et cependant les Ducs & Pairs opposent à ces Actes les plus autentiques que la France connoisse, de certains prétendus Mémoires qu'ils disent être du sieur Saintot, Maître des cérémonies, par lesquels ils veulent prouver que les choses se sont passées aux lits de Justice de 1622 & 1629, tout au contraire de ce que portent les Registres du Parlement.

Cette comparaison est en vérité bien extraordinaire, & elle choque si fort, qu'il n'est pas besoin d'y répondre. On la trouvera encore bien plus étrange, si l'on considere quels sont ces Mémoires que les Ducs & Pairs disent être du sieur de Saintot, comment ils se détruisent d'eux-mêmes, & combien ils sont éloignés de la vérité : car outre qu'il les désavoue, & qu'il dit qu'ils n'ont été dressés ni par lui, ni par aucun de ceux qui l'ont précédé dans sa charge, il est certain que les mots que l'on a tirés pour en renverser toute la vérité des Registres du Parlement ne sont écrits qu'à la marge & d'une main tout-à-fait inconnue.

Il eſt vrai que le ſieur Saintot a quelques Mémoires, dont lui ni aucun autre ne peut dire qui eſt l'auteur; qui ſont de ces ſortes de manuſcrits remplis de différentes piéces, d'ordinaire pleine de fauſſetés, dont on a voulu tant de fois empêcher le cours, & que les copiſtes ne laiſſent pas de vendre à tout le monde.

Dans l'un de ces livres, le lit de Juſtice de 1622 eſt écrit conformément au Regiſtre du Parlement, ſur lequel il eſt preſque copié. Mais les Ducs & Pairs diſent qu'il y a une note à la marge de ce volume qui porte que ce qu'il contient eſt faux auſſi-bien que le Regiſtre du Parlement, & cette note néanmoins n'eſt appuyée d'aucune autorité ni d'aucune circonſtance. [1] Si cela pouvoit ſuffire, il ſeroit fort aiſé aux Ducs & Pairs de détruire tout ce qui eſt allégué contre eux; car ils trouveroient facilement des copiſtes qui leur fourniroient de ces ſortes de manuſcrits, dans leſquels on tranſcrit toutes ces vingt-huit Séances des Rois au Parlement, & on pourroit faire croire ſans beaucoup de peine quelques mots écrits à la marge, qui porteroient que tout ce qui eſt écrit dans le texte eſt faux, & que toutes ces Séances ont donné aux Ducs & Pairs l'avantage qu'ils demandent préſentement.

Pour ce qui regarde le lit de Juſtice de 1629, celui qui en a dreſſé le Mémoire inſéré dans ce même livre, devoit être plus ſavant dans l'hiſtoire de notre ſiecle, s'il vouloit être cru; car il dit que Monſieur le Garde des Seaux * du Vair y préſidoit, quoi qu'il fût mort huit ans auparavant, c'eſt-à-dire, l'année 1621 le 3 d'Août à Tonneins, le ſiege étant devant Clerac; outre qu'il eſt ſi exactement décrit dans les Regiſtres du Parlement, qu'on ne peut pas douter de ſa vérité.

* de Marillac.

Ce livre donc, duquel ils font un fondement ſi autentique de leurs prétentions, n'eſt qu'un ramas confus de relations fauſſes ſans nom & ſans auteur. Le ſieur de Saintot

1 Elle eſt conforme à la relation du ſieur de Pont-Carré, Conſeiller de Grand'Chambre, imprimée dès lors dans le cérémonial.

ne ſait même d'où ce volume lui eſt venu ; ce n'eſt point un des Mémoires, ni des Regiſtres que les Maîtres des Cérémonies ont accoutumé de dreſſer des actions qui regardent leurs charges, & l'on en fait point ordinairement d'autre pour les lits de Juſtice que la feuille du Regiſtre, viſée par Monſieur le Chancelier qui y préſide.

Quoique le Cérémonial ſoit beaucoup plus conſidérable que ces ſortes de Mémoires faits à plaiſir, dont les Ducs ſe veulent aider, néanmoins il eſt ſi peu exact, que la Séance de 1621 y eſt décrite comme les précédentes & celles qui les ſuivent, c'eſt-à-dire, que les Préſidens y ont opiné les premiers ; & les Ducs ſont d'autant plus mal fondés à diſputer la vérité des Regiſtres du Parlement, que dans la ſincérité que l'on y a toujours obſervée, ils n'auroient pas trouvé cet exemple qui eſt unique pour eux pendant une ſi longue ſuite d'années ; mais il eſt entiérement détruit par ce que l'on y a déjà répondu.

Ils en uſent en ce qui concerne les Regiſtres, comme ils font à l'égard du Parlement même ; ils veulent bien être de ſon corps pour en recevoir tous les avantages qu'ils en tirent, & ne pourroient ſouffrir en aucune manière d'en être ſéparés ; néanmoins quand la penſée leur vient d'avoir un rang d'opiner qui leur paroît plus honorable, quoique dans la vérité cela ne puiſſe rien ajoûter à leur dignité, non-ſeulement ils ſe ſéparent de ce corps, mais encore ils ſe tournent & ſe déclarent entièrement contre lui.

Auſſi lors qu'ils rencontrent dans les Regiſtres du Parlement des choſes qui favoriſent leur prétention, & que ces mêmes choſes ſont expliquées contre eux dans le Cérémonial, ils ſoutiennent que les Regiſtres ſont véritables, & qu'il n'y a pas d'apparence d'oppoſer à leur autorité ce qui eſt écrit dans le Cérémonial. Mais quand ces Regiſtres ſont voir une ſuite de poſſeſſion contre eux, beaucoup plus longue qu'elle n'eſt néceſſaire pour régler un rang de cette qualité, ils veulent les détruire par des mots qui ſe trouvent mis par des copiſtes à la marge d'un livre tout-à-fait inconnu, & sans pouvoir dire ni sçavoir ce que c'est que cette écriture; ils soutiennent néanmoins qu'elle doit avoir plus d'autorité que tous les Registres du Parlement ensemble.

On pourroit dire la même chose de ce qu'ils rapportent du lit de Justice de 1616, qu'ils prétendent être à leur avantage, parce que le Registre est fait en peu de paroles, & marque seulement qu'on en a usé pour les opinions comme on avoit de coutume. Il n'est pas aisé de concevoir comment les Ducs & Pairs prennent ces termes pour eux, puisqu'il est certain, par leur confession même, que depuis 1597 la possession continuelle avoit été pour le Parlement, & cette pensée ne peut pas tomber sous le sens que ces mots (comme on avoit de coutume) se rapportent plutôt à à ce qui s'étoit fait en 1597, qu'à ce qui s'étoit toujours observé depuis ce temps-là jusques en 1616. Et de plus ce lit de Justice de 1616 n'étoit pas comme ils croyent pour la Majorité de Louis XIII, car elle fut en 1614, c'est pourquoi tout ce qu'ils avancent sur ce point se détruit de soi-même, étant certain que le Registre ne peut être autrement entendu que tous les précédens, & ceux qui sont ensuite, qui sont à l'avantage du Parlement.

Si la brieveté des termes de ce Registre faisoit encore quelque doute, il seroit tout-à-fait ôté par l'ordre dans lequel les Présidens sont nommés avant les Ducs & Pairs, ce qui emporte une conséquence qu'ils ont opiné dans ce même rang. Car c'est proprement lorsqu'on opine que les Greffiers recueillent les noms de ceux qui se trouvent à cette cérémonie. Et de plus, ceux qui sçavent comme les choses se passent au Parlement, ne peuvent pas douter que si Monsieur le Garde des Sceaux du Vair eût changé en cette rencontre l'ordre accoutumé, le Parlement eût fait des protestations, & n'eût pas laissé perdre sa possession de la sorte sans rien dire.

Mais il est bien à propos de faire une réflexion assez considérable, sur la diversité qui se trouve entre les Registres du Parlement & le Cérémonial, pour ce qui est du lit de Justice de 1621. Car ce qui est cause que le Cérémonial porte que les Présidens opinèrent avant les Pairs, c'est que celui qui l'a recueilli lors étoit persuadé qu'il n'y avoit point eu de changement dans cette possession, & Monsieur le Chancelier de Sillery qui n'en avoit usé autrement que par la seule raison de son incommodité, dont il fit même des excuses, fut bien aise que ce changement ne parût pas, néanmoins l'exactitude des Registres fut si grande, comme elle l'a été de tout temps, qu'on n'y voulut point omettre cette nouveauté.

Pour la Séance de 1643, que les Ducs & Pairs croyent leur être favorable, ils ne songeroient pas à s'en prévaloir s'ils se souvenoient que l'ordre des opinions y fut observé comme l'on fait au Conseil, & non point en la forme de l'audience, c'est-à-dire, que chacun parle en sa place assis & couvert, comme l'on fit lorsque le Roi vint la dernière fois au Parlement pour la vérification des Duchés & Pairies. Et quand on observe cette manière d'opiner, l'avantage est sans contestation à ceux qui opinent les derniers, & immédiatement avant que le Roi déclare sa volonté. Ainsi cet exemple d'une si grande action est contre les Ducs & Pairs autant qu'aucun autre de ceux qui leur sont opposés.

C'est donc une vérité constante que les Ducs & Pairs n'ont rien du tout à répondre aux vingt-huit exemples qui forment une si longue possession depuis soixante & sept ans, contre le changement qu'ils demandent & qu'ils poursuivent présentement.

Il ne reste plus qu'à examiner cette ancienneté, dans laquelle ils mettent tout leur fort, pour établir, disent-ils, ce droit inviolable qui ne leur a jamais été contesté durant tant de siècles, lequel néanmoins ils ne prouvent que par six exemples, qui sont des années 1536, 1549, 1563, 1581, 1583 & 1597.

Il est fort facile de détruire en peu de paroles tout ce

qu'ils en veulent faire croire, puiſque cette grande étendue de ſiècles ſe trouve renfermée depuis 1549 juſqu'en 1597, dans l'eſpace de quarante-huit années, hors deſquelles il leur eſt impoſſible de faire voir aucune choſe qui appuye leur prétention; encore de ces quarante-huit années ils ne doivent compter que la premiere & la derniere; car pour les ſix exemples qu'ils rapportent ils ne peuvent s'aider que de deux ſeulement, ſçavoir de celui de 1549 & de celui de 1597. Et pour les quatre autres ceux qui leur en ont donné les mémoires, les ont auſſi mal ſervis que ceux qui leur ont fourni cette note écrite à la marge d'un livre qu'on leur a voulu faire paſſer pour un Cérémonial, à cauſe que ce livre étoit chez un Maître des Cérémonies.

Et pour entrer dans le détail de ces quatre exemples, qui ſont beaucoup plus à l'avantage du Parlement qu'à celui des Ducs :

En la Séance de 1536 qui étoit ſur le ſujet de la commiſe & reverſion à la Couronne des Comtés de Flandres & d'Artois, à cauſe de la felonnie de l'Empereur Charles V.; il ne paroît en aucune manière que les Pairs ayent opiné les premiers, & même on ne voit point ni dans les Regiſtres du Parlement, ni dans les Mémoires de du Tillet, qui ſont très-exacts, qu'aucun ait opiné en cette Séance.

Il y a de l'apparence que le livre imprimé depuis quelques années, ſous le nom de *Cérémonial de France*, aura donné occaſion à cette erreur. Car ce Cérémonial qui n'eſt compoſé que de pièces rapportées, où il ſe trouve très-peu d'exactitude & beaucoup de fauſſetés, contient un extrait prétendu des Regiſtres des Plaidoiries du Parlement, qui décrit cette Séance ſelon l'intention des Ducs & Pairs. Mais cet extrait eſt abſolument faux & contraire au Regiſtre même, dans lequel la manière & le rang des opinions n'eſt point du tout expliqué: ce qui fait connoître combien il ſeroit important que ces ſortes de livres fuſſent bien vérifiés avant que d'être donnés au public: Car comme ils portent des noms ſpécieux, & qu'ils ne parlent que d'extraits de Regiſtres, & d'autres originaux autentiques, on eſt diſpoſé à croire en les liſant, que ce qu'ils contiennent eſt véritable: Et cependant la plûpart de toutes ces Copies ſe trouvent fauſſes quand elles ſont examinées ſur les véritables Originaux.

Il faut donc que cet exemple de 1536 demeure entièrement effacé. Pour ceux de 1563 & 1581, il eſt vrai que les Préſidens y ont opiné les derniers; mais en cela ils ont conſervé le rang pour le Parlement, car c'étoit de ſimples Séances du Conſeil, & non pas des lits de Juſtice, comme il ſe voit par les Regiſtres que les Ducs & Pairs rapportent, qui diſent que le Parlement étoit en robes noires, & le Premier Préſident ſeul en robe rouge, comme il a accoutumé d'être tous les jours deſtinés pour l'audience, lors même qu'on n'en donne point; car ces deux Séances du Parlement furent un Lundi & un Mardi, jours ordinaires d'audience, ce qui n'eſt jamais dans les lits de Juſtice, où toute la Compagnie eſt toujours en robes rouges, & il a été déja aſſez expliqué que dans la forme de ces Séances l'avantage eſt d'opiner les derniers.

A l'égard de la Séance de 1583, ce qui eſt écrit dans le Regiſtre eſt ſi obſcur, que l'on ne peut voir ceux qui ont opiné les premiers ou les derniers; car il porte qu'après que Monſieur le Chancelier eſt monté, a parlé au Roi, il eſt deſcendu, & a parlé aux Préſidens, avant que d'avoir pris l'avis des Ducs & Pairs, puis après avoir pris leurs avis, il eſt retourné une ſeconde fois aux Préſidens: & ainſi ce Regiſtre fait autant contre les Ducs & Pairs que pour eux.

Reſtent les deux Séances de 1549 & 1597, encore voit-on que dans la première il n'y eut aucun ordre obſervé, puiſqu'il y avoit des Gouverneurs de Provinces aſſis au même banc des Pairs, quoiqu'ils ne fuſſent ni Pairs ni Officiers de la Couronne (comme le ſieur de S. André d'Albon Gouverneur du Lionnois, qui y prit place auſſi-bien que le Maréchal de S. André son fils) ce qui fait voir que les rangs ne furent point gardés en cette Cérémonie, & qu'elle ne doit pas être tirée à conséquence.

Voilà donc toute cette possession réduite à un ou deux actes seulement, & ainsi on ne peut pas l'appeler ancienne, parce qu'elle a long-tems duré; mais bien parce qu'il y a long-temps qu'elle ne dure plus.

Mais afin de recueillir en peu de paroles tout ce qui regarde la possession, laquelle a toujours accoutumé de décider de semblables contestations, il faut remarquer que le Parlement a 28 Séances pour lui depuis 1597, & en peut compter 30, y ajoutant celles de Rouen & de Bordeaux. Il a les seize dernieres, c'est-à-dire, toutes celles qui ont été depuis que Sa Majesté est venue heureusement à la Couronne.

Les Ducs & Pairs n'ont que cinq exemples pour eux depuis 1597, encore il n'y en a pas un qui ne se détruise par des raisons particulieres.

Et pour ce qui précéde 1597, des six exemples qu'ils ont rapportés, il y en a deux, sçavoir, 1563 & 1581, qui sont à l'avantage du Parlement: Celui de 1536 ne dit rien du tout de ce qu'ils croyoient qu'il contenoit; celui de 1583 est si obscur qu'il peut être employé de part & d'autre. Reste donc ceux de 1549 & 1597, qu'ils prétendent opposer à un si grand nombre qui leur sont contraires.

Que s'ils recherchent dans un temps plus éloigné, ils verront que les trois Séances de François I. du dernier Juin 1523 & des 8 & 9 Mars en suivant où les Présidens sont nommés les premiers, sont tout-à-fait contre eux, & il leur est impossible de faire voir aucune autre chose qui appuye leur prétention dans le Parlement; car tout ce qu'ils peuvent alléguer de ce qui s'est fait ailleurs, n'a rien de commun avec l'ordre observé dans cette compagnie, & dans les cérémonies de cette qualité.

Chaque Corps a ses régles & ses usages particuliers qui sont marqués & conservés seulement dans la possession.

Les Pairs ont plus d'intérêt que personne de ne pas donner atteinte à cette possession, puisque c'est l'unique titre dont ils se puissent servir pour conserver leur dignité; car où sont écrits leurs priviléges? qui leur a attribué toutes les prérogatives, par lesquelles ils prétendent si fort se distinguer du reste de la Noblesse? Y a-t-il des ordonnances & des loix de l'Etat, ou des concessions particulieres des Rois, qui en ayent fait un ordre séparé & élevé au-dessus des plus grandes & plus anciennes maisons du Royaume.

En effet, si on regarde leur origine, tous les vassaux relevans en plein fief du Roi étoient les véritables Pairs; & si la possession & l'usage n'avoient point changé cet ordre, il y auroit présentement plus de vingt mille Pairs de France. Si l'on en considere la suite, presque tous les droits que ces Pairs (que nous appellons anciens) se sont attribués, lorsqu'ils se trouverent réduits à douze, n'étoient que des usurpations sur la Royauté qui ont entièrement fini avec eux, & ceux qui en portent présentement le nom & la qualité, ne peuvent les prétendre par la loi de la succession qui ne viendroit pas jusques à leurs personnes, après avoir été si long-temps interrompue, quand même la Royauté pourroit encore souffrir toutes ces entreprises dont elle a été si étrangement travaillée.

On peut encore moins dire que ce soit leurs fonctions ordinaires qui leur conservent ce rang,& ils sont obligés d'avoir recours à la possession, comme à la seule regle infaillible qu'ils doivent reconnoitre, puisqu'elle leur est si favorable pour la conservation de tous les avantages dont ils jouissent.

Après tant de raisons, il semble qu'il ne soit pas nécessaire de répondre à ce que les Ducs & Pairs rapportent d'un certain Traité qu'ils disent avoir été fait par M. le Garde des Sceaux de Marillac ; car on ne sçait ce que c'est que ce traité : Et les lits de Justice où Monsieur le Garde des Sceaux de Marillac s'est trouvé, dans lesquels il a conservé l'ordre ancien & accoutumé en faveur du Parlement, font bien voir que ses sentimens étoient tout contraires à tout ce qu'on lui veut faire dire.

Ils avancent encore avec moins de fondement, ce qu'ils disent de Messieurs les Princes du Sang, vu la grande différence qui est entre eux & tout le sang Royal, à l'égard duquel le Roi en use comme il lui plaît; & Sa Majesté ayant trouvé à propos depuis plusieurs années, aussi bien que le défunt Roi son Pere, de les faire approcher de son dais, & opiner même avec sa personne sacrée, on ne peut & on ne doit y trouver à redire.

Les Ducs & Pairs voyant bien que toute la possession est contre eux, veulent disputer la chose par raison, comme si elle étoit encore en son entier après un si long usage, & toutes celles dont ils se servent vont à dire, que le rang que les Présidens tiennent dans le Parlement vient de ce qu'ils représentent le Roi dans leurs fonctions ordinaires, mais que cette raison cessant par la présence de Sa Majesté, ils doivent perdre dans les lits de Justice le rang qu'elle leur donne.

On a répondu fort exactement à ce moyen par les Mémoires que le Parlement a déjà présentés, dont on ne fait point ici de répétition, & il suffit de dire, que lorsque le Roi vient tenir son Parlement, c'est pour le conserver dans l'état qu'il est sans rien changer à l'ordre accoutumé; la présence de Sa Majesté ne doit point ôter le rang à ses Officiers, ni confondre l'ordre & la regle de toutes les Compagnies, qui ne permettent pas que ceux qui ont la qualité de Présidens, quoiqu'ils ne président pas actuellement, puissent être précédés par aucun de ce même Corps.

Cette vérité qui est entierement confirmée par ce qui s'observe tous les jours dans le Parlement, fait connoître que ce n'est pas la fonction actuelle de présider, mais la seule qualité de Président, qui donne le rang au-dessus de tout le reste de la Compagnie; car le Parlement n'est pas présidé par huit personnes toutes à la fois, ainsi que les Ducs & Pairs semblent l'avoir entendu dans leur

Requête. Il n'y en a qu'un ſeul qui demande les avis, auquel auſſi ceux qui opinent adreſſent leurs paroles; mais comme ils peuvent tous préſider en l'abſence les uns des autres, & qu'ils ont tous la qualité de préſidens de la Compagnie, ils précédent ſans difficulté dans toutes les aſſemblées de cette Compagnie tous ceux qui ſont partie de ce Corps.

Lorſque Monſieur le Chancelier vient aû Parlement, c'eſt lui ſeul qui y préſide; & néanmoins jamais les Ducs & Pairs n'ont prétendu de précéder en ce cas les Préſidens. Si cette raiſon étoit bonne ils pourroient s'en ſervir dans cette occaſion, en diſant que les Préſidens ne repréſentent le Roi que lorſqu'ils préſident actuellement: auſſi eſt-il bien vrai qu'en la préſence de Sa Majeſté aucun des Préſidens ne préſide actuellement, mais ils ne perdent pas pour cela le rang que la qualité de Préſident leur donne dans toutes les aſſemblées de la Compagnie. Et ſi les Pairs étant du corps du Parlement prétendent y tenir le premier rang en préſence du Roi, il ſeroit d'une conſéquence toute entière qu'ils y devroient eux-mêmes préſider quand le Roi n'y eſt pas préſent, car ce ſont toujours eux qui tiennent les premieres places dans les Compagnies.

Dans les premiers Mémoires du Parlement, il a été remarqué que les Préſidens portent le même habit en préſence du Roi, que lorſqu'ils préſident actuellement; pour faire connoître qu'en cette rencontre ils ne perdent pas leurs prérogatives, puiſque cet habit eſt l'ancien manteau royal, tel que nos Rois le portoient anciennement.

Il n'y a perſonne de ceux qui ont quelque connoiſſance de l'antiquité qui en puiſſe douter, & ſans aller plus loin, il ſuffit de voir le tableau de Charles VI. qui eſt dans la Grand'Chambre au-deſſous du Crucifix, où il eſt repréſenté avec ce même manteau. Et Fauchet qui a recherché fort exactement toutes ces choſes, confirme cette vérité par un journal qu'il rapporte d'un Eccléſiaſtique de Paris, écrit depuis l'an 1409 juſqu'en 1449, qui dit que dans l'entrée

que

que le Roi fit en cette ville, il avoit l'habit que portent les Préſidens au Parlement. Il cite auſſi Alain Chartier, Secrétaire de Charles VII. qui dit la même choſe ; & ſi quelqu'un ne ſe rendoit pas à ces témoignages, il ſeroit fort aiſé de le convaincre par beaucoup d'autres marques de l'antiquité qui ne recoivent point de réponſe.

Les Ducs & Pairs doivent donc déclarer s'ils renoncent tout-à-fait à être du Corps du Parlement ; car il ne fut jamais dit qu'un Officier d'une Compagnie pût précéder les Préſidens, lorſqu'elle eſt aſſemblée ; & quand ils ſeront tout-à-fait ſéparés du Parlement, il ſera bien aiſé de montrer qu'ils ne le peuvent précéder en aucun cas.

On ne peut pas comprendre ce que leur requête veut dire, lorſqu'elle remarque qu'ils parlent aſſis & couverts dans les lits de Juſtice, & que les Préſidens n'y parlent que debout & découverts. Il faut que cette différence ait été écrite par quelqu'un qui n'a jamais oui parler de ce que c'eſt qu'un lit de Juſtice ; car tous ceux qui y aſſiſtent y opinent debout, lorſque Monſieur le Chancelier va demander les avis, de la même maniere que l'on fait aux Audiences ordinaires. Et pour ce qui concerne les autres Séances où le Roi fait opiner, comme on a accoutumé de faire aux Aſſemblées ordinaires des Chambres, tous ceux qui ſont du Corps de la Compagnie opinent aſſis & couverts, ainſi qu'il s'obſerva en la derniere Séance du Roi pour la vérification des Duchés : de telle ſorte que dans la forme d'opiner, il n'y a jamais eu de différence entre les Préſidens, les Ducs & Pairs, & tous les Conſeillers.

Mais ils ont voulu ſans doute parler du diſcours que fait le Premier Préſident quand il porte la parole au Roi, qui eſt auſſi bien celle des Ducs & Pairs que tout le reſte du Parlement : car il eſt vrai qu'alors il ne parle point aſſis, & que les autres Préſidens ſe levent en même-temps que lui, pour rendre à Sa Majeſté les reſpects de la Compagnie ; Et ſi pour éviter la confuſion qu'apporteroient tant de perſonnes en ſe levant toutes à la fois, les ſeuls Préſidens ſe tiennent de bout, c'eſt une diſtinction avantageuſe pour leur rang, qui fait voir que comme les ſentimens de tout le corps enſemble ne s'expliquent en cette rencontre que par la bouche de celui qui y tient la premiere place; de même auſſi les démonſtrations extérieures du reſpect qui eſt dû à la perſonne ſacrée de Sa Majeſté, ſe trouvent renfermées dans le nombre de ceux qui ſont les premiers repréſentans de ſon autorité royale dans le Parlement. Et ſi le rang que doivent avoir les Ducs & Pairs dans ces Aſſemblées étoit au-deſſus de celui des Préſidens, il ſeroit d'une conſéquence néceſſaire qu'ils portaſſent cette parole au Roi pour toute la Compagnie.

Que s'ils avoient à repréſenter quelque choſe, & parler de leur chef dans cette Cérémonie pour tout autre ſujet que pour opiner; il eſt certain qu'ils parleroient au Roi debout & la tête nue, ainſi qu'ils ont ſouvent fait, & dont il ſeroit fort aiſé de rapporter les exemples, s'ils n'en vouloient pas convenir.

On a prévenu par les premiers Mémoires du Parlement l'objection que les Ducs & Pairs ont faite, de ce qu'ils ſont ſur les hauts ſiéges dans cette Séance, & les Préſidens aux bas ſiéges; & on a montré que cette différente ſituation n'a jamais été tirée à conſequence pour l'ordre d'opiner, ni pour donner aucun avantage. Et cela eſt ſi véritable, que Monſieur le Chancelier, qui préſide au nom du Roi à ces Aſſemblées, & qui par conſéquent tient le premier lieu, eſt aſſis aux bas ſiéges; ce qui eſt d'autant plus conſidérable, qu'il précéde les Ducs & Pairs, non-ſeulement dans le Parlement, mais encore par-tout ailleurs, ainſi qu'il eſt décidé par la Déclaration du 3 Avril 1582, vérifiée au Parlement, qui porte, qu'aucun des Ducs crées depuis Henri II. ne pourra précéder en quelque ſorte, lieu, ni pour quelque occaſion que ce ſoit, les Officiers de la Couronne; qui ſont le Connétable, le Chancelier, le Grand Maître, Grand Chambellan, Amiral, Maréchaux de France & Grand Ecuyer de France.

Mais comment cette requête peut-elle imputer cette longue possession du Parlement aux circonstances particulieres des temps, ou à la considération des Ministres qui ont voulu les favoriser; puisque tout au contraire, les Ministres qui ont eu l'autorité principale en France, ont toujours combattu celle du Parlement, lequel n'ayant aucun pouvoir ni aucune autorité que celle du Roi, reçoit toujours de l'accroissement ou de la diminution à proportion du pouvoir & de l'autorité Royale.

Aussi on voit que ces quatre exemples, sur lesquels les Ducs tâchent de s'appuyer, qui sont de 1633, 1634, 1636, 1641, furent des effets de la faveur & de la puissance extraordinaire de Monsieur le Cardinal de Richelieu, & qu'aussitôt que cette faveur cessa, les choses sont retournées à leur ancien ordre. Et si l'on examinoit encore les deux autres de 1549 & 1597, qui seuls restent aux Ducs & Pairs, on trouveroit encore que ce fut la considération particuliere des favoris de ce temps-là qui l'emporta sur le droit des Officiers du Roi.

Pour la différence que les Ducs & Pairs trouvent si grande entre leurs dignités qui sont héréditaires, & les Offices de robe qu'ils disent être venaux, il est assez remarqué dans les premiers Mémoires, que cette même différence est tout-à-fait à l'avantage des Officiers du Roi dans le Parlement, puisqu'ils ne sont établis que pour y maintenir l'autorité royale en qualité d'Officiers, au-dessus de ceux qui prétendent avoir un rang d'eux-mêmes dans l'Etat & par la propre succession de leurs Maisons.

On ne peut pas s'empêcher d'ajouter à tout ce qu'on a dit sur ce sujet, que la Charge de Premier Président n'a jamais été venale ; & que si l'ordre des familles & l'usage du Royaume, qui a mis dans toutes les Charges, de quelque qualité qu'elles soient, la plus grande partie des biens des particuliers, si cet ordre a fait que l'on a donné de l'argent de celles des Présidens du Parlement, le mérite personnel, & souvent aussi la considération des services des peres dans les mêmes places, n'ont pas laissé d'y avoir toujours la plus grande part: Et le Roi jugera, s'il lui plaît, auquel il vaut mieux confier son autorité, dont la préséance dans le Parlement fait partie; ou à ceux qu'il choisit pour ce sujet, à qui Sa Majesté donne des provisions, qui n'y ont rien d'eux-mêmes, & qui tiennent toute leur force de la puissance royale, & de la représentation de la propre personne du Roi; ou à ceux qui y viennent de leur chef, qui ne représentent jamais le Roi, & qui sont appelés sans aucun choix par le seul droit de leur naissance, quand même ils n'auroient encore rendu aucun service.

Il n'a pas été difficile de répondre à cette requête des Ducs & Pairs, & de faire connoître la foiblesse des moyens qu'elle contient, puisque d'eux-mêmes ils sont si peu établis. Mais aussi cette réponse seroit entierement inutile, si elle ne servoit pour obtenir de la bonté du Roi la grace que son Parlement lui demande encore, avec tous les respects & toutes les supplications possibles, qui est, de ne point décider cette contestation, sans qu'il puisse connoître sur quoi les Ducs & Pairs fondent leurs prétentions par la communication du Mémoire qu'ils ont mis entre les mains de Sa Majesté, qui est en effet, ainsi qu'ils le publient eux-mêmes, leur véritable demande.

Cependant comme les lumieres admirables dont Dieu a rempli Sa Majesté, lui donnent une connoissance si parfaite & une pénétration si vive de toutes choses, qu'elles le font regarder de tout le monde, non-seulement comme le plus grand Juge & le plus éclairé de son Royaume, mais encore comme l'arbitre souverain de la Chrétienté; on ne peut douter aussi qu'étant le plus juste Roi de la terre, il ne juge qu'il y a une nécessité toute entiere de communiquer à ceux qui contestent toutes les choses sur lesquelles on appuie les prétentions de part & d'autre, principalement dans une rencontre où il s'agit du rang & de la dignité de son Parlement, laquelle a toujours fait partie essentielle de l'autorité royale.

ARRÊT DU CONSEIL D'ÉTAT,

rendu ſur Mémoires reſpectivement communiqués, portant Réglement entre les Ducs & Pairs & les Préſidens du Parlement de Paris, ſur leur rang d'opiner ès Lits de Juſtice que le Roi y tient.

Extrait des Regiſtres du Conſeil d'Etat.

LE Roi s'étant fait repréſenter en ſon Conſeil les Mémoires mis entre les mains de Monſieur le Chancelier, tant par les Officiers de ſa Cour de Parlement de Paris, que par les Pairs de France, ſuivant le commandement qu'ils en avoient reçu de Sa Majeſté, & ayant vu par leſdits Mémoires les raiſons par leſquelles ledit Parlement prétend que les Préſidens en icelui doivent opiner avant leſdits Pairs, lorſque Sa Majeſté y tient ſon Lit de Juſtice, comme auſſi les moyens, dont leſdits Pairs ſe ſervent pour appuyer le droit par eux prétendu, de dire leurs avis en de pareilles Séances avant leſdits Préſidens. SA MAJESTÉ voulant terminer ce différend, & prévenir les difficultés qui pourroient naître à l'avenir en ſemblables occaſions, étant en ſon Conſeil, a maintenu & gardé, maintient & garde leſdits Pairs de France au droit d'opiner, & dire leurs avis avant leſdits Préſidens audit Parlement de Paris, lorſque Sa Majeſté y tiendra ſon Lit de Juſtice, ſans qu'ils puiſſent être troublés pour quelque cauſe & occaſion que ce ſoit. VEUT pour cette fin Sa Majeſté, que le préſent Arrêt ſoit enregiſtré ès Regiſtres de ladite Cour. FAIT au Conſeil d'Etat du Roi, Sa Majeſté y étant, tenu à Paris le 26 Avril 1664. Signé, DE GUENEGAUD

Cet Arrêt a été enregiſtré (a) *au Parlement le Roi ſéant en ſon Lit de Juſtice le Mardi 29 Avril 1664, & exécuté le même jour par M. le Chancelier, qui prit l'avis de Meſſieurs les Pairs avant que de le prendre de Meſſieurs les Préſidens.*

(a) Sans Lettres patentes.

RÉCAPITULATION.

Il en est de la Pairie comme de la Loi Salique, dont le titre ne se trouve point, mais qui s'est établie par le consentement général de la Nation, & qui s'est conservée par la pratique de 12 siecles.

Dès le commencement de la Monarchie, Nos Rois se sont servis des Grands du Royaume pour l'administration souveraine de la Justice, & pour traiter des principales affaires de l'Etat dans les assemblées, qu'on appella d'abord *Placités*, *Sanes*, *Conciles*, *Malls*, & ensuite *Parlemens* ou *Colloques*. On en trouve une tenue dès 620, à Bonneuil près Paris, & composée de Seigneurs & d'Evêques. Ils y reçurent dans la suite les hommages des Princes leurs Vassaux, & les tributs des peuples qu'ils avoient soumis [1]; ils y firent homologuer leurs plus considérables dispositions & ordonnances [2]; ils y faisoient juger les plus grands Princes, comme Tassillon, condamné à mort, près de Mayence. On y décidoit aussi de la succession à la Couronne; ç'ont été ces premieres personnes de l'Eglise & de l'Etat, qui ont si souvent couronné & installé au nom de la Nation les Rois de la deuxieme Race. Enfin, ç'a été par leur ministere, que Hugues Capet, l'auguste Chef de la troisieme, a été heureusement élevé au Trône, & les Rois ses successeurs maintenus dans le droit de succéder.

La Pairie sous les deux premieres Races n'étoit que personnelle & ne différoit que par l'importance de ses fonctions d'avec les autres Offices destinés, soit au service du Royaume, soit au service de la personne du Roi. Vers le déclin de la deuxieme, elle prit un corps, & fut désormais composée de deux parties intégrantes, l'*Office & le Fief*; elle devint de nature semblable à la royauté; elle y participa même par l'usurpation de la puissance publique & des droits régaliens, comme de créer des Juges, de lever des Troupes, d'avoir des Forteresses, de battre Monnoie, &c. Le Royaume fut composé de trois parties, du Roi qui en étoit le chef & le souverain; des Pairs, qui étoient ses premiers Vassaux; & de tous les autres qui relevoient des Pairs dans la dépendance de la royauté. Le reste asservi fut compté pour rien.

Il n'y eut plus que des Cours féodales, celle du Roi composée des grands Vassaux de la Couronne, & celles des Seigneurs composées de leurs Vassaux particuliers. Delà deux sortes de Pairs, ceux de France & ceux des simples Seigneuries.

[1] V. G. Pepin, l'*hommage de Tassillon & les Tributs des Saxons.*

[2] V. G. Charlemagne, *le partage de ses Etats entre ses enfans.*

Tous ceux qui depuis se sont trouvés Vassaux immédiats, par réunion du Fief dominant à la glebe du Supérieur, ne sont pas pour cela devenus Pairs. Il n'y a que ceux, ou qui dès le commencement ont eu le droit de cette féodalité immédiate, ou qui depuis ont obtenu ce titre par concession particuliere.

On distingue deux époques, quant à la puissance des Pairs de France. Le temps qui a précédé l'institution des Tribunaux de la Justice royale, & le temps postérieur.

Les six anciennes Pairies Laïques, *Bourgogne*, Doyenne des autres, *Normandie*, *Guyenne*, *Champagne*, *Toulouse & Flandres*, sont toutes réunies à la Couronne, & avec elles ont cessé cette puissance excessive & ces prérogatives illégitimes qui avoient été usurpées sur la Royauté. Il n'est resté aux Pairies Ecclésiastiques, & il n'a été accordé aux Laïques de nouvelle création, que les prérogatives qui avoient appartenu de tout temps aux anciens Pairs, & que la Royauté même avoit imaginée pour le maintien de sa propre autorité & de sa splendeur.

Malgré cette révolution arrivée dans la Pairie, elle est toujours le plus sublime degré d'honneur & le dernier comble de grandeur auquel nos Rois puissent élever leurs sujets. C'est le dernier effort de la Munificence royale, & après les Princes du Sang qu'on ne sépare point de la Royauté, les Pairs ont encore aujourd'hui cette prééminence pardessus tout autre, d'être les Princes ou premiers Seigneurs de France & les Chefs naturels ordinaires de la Noblesse.

Leur origine & ce qu'en ont écrit les anciens Auteurs, nous marque assez leurs prérogatives & leurs priviléges. On en trouve aussi des titres très-autentiques, dans une infinité d'actes publics, dans les jugemens solennels qu'ont rendu les Pairs, dans les Lettres & les Ordonnances des Rois, dans les érections des nouvelles Pairies, & dans une infinité d'autres témoignages par écrit, qui se sont conservés jusqu'à nous.

Lon voit leur ancien droit de sacrer, couronner, & recevoir les Rois à leur avénement à la Couronne; non-seulement dans tous les Couronnemens des Rois de la seconde Race, & des premiers de la troisieme, rapportés par les anciens Auteurs; mais encore plus expressément dans l'ordre du Sacre & Couronnement de nos Rois, rapporté par du Tillet, qu'on dit que le Roi Louis le Jeune fit dresser l'an 1179, & qui depuis a été enregistré en la Chambre des Comptes à Paris. Cet ancien ordre du Sacre a été suivi de plusieurs autres, dont la plûpart témoignent que les choses s'y sont observées selon ces ordres & ces reglements. On trouve encore plusieurs Lettres des Rois adressées aux Pairs, pour les avertir de s'y trouver, & des actes que les Rois ont donnés à ceux qui y avoient manqué, pour leur remettre cette faute, ensorte qu'elle ne leur pût faire tort à l'avenir; ainsi que fit Philippe le Long en 1416 au Duc de Bretagne: Et c'est ce qui fait que nous avons aussi des Lettres que les Pairs écrivoient aux Rois, pour s'excuser quand ils ne pouvoient pas y assister. Les fonctions des Pairs en ces augustes Cérémonies, peuvent aussi servir de titre très-autentique de l'éminence & des prérogatives de leur dignité.

L'on voit qu'ils sont les principaux membres, les défenseurs & les soutiens de la Couronne, & avec quel attachement ils y sont unis, dans deux discours que les Procureurs généraux firent au Parlement, l'un en 1310 & l'autre en 1364; dans les Lettres par lesquelles le Roi Philippe de Valois somma en 1337 le Duc de Gueldres pour le secourir contre le Roi d'Angleterre; dans les défenses du Comte de Monfort en 1340; dans l'érection de Mâcon en Pairie en 1359; dans une lettre de Jean, Duc de Bourgogne, écrite au Roi Charles VI en 1415; en ce qui se passa aux Etats généraux assemblés à Orléans en 1467; en ce que dit l'Avocat Général dans le Parlement en 1487, & en une infinité d'autres Actes.

L'on voit leur droit de décider des différends qui peuvent naître pour la succession à la Couronne, non-seulement marqué dans tout ce qu'en on dit les anciens Auteurs, & un Procureur Général du Roi en 1359, & dans l'aveu même du Roi Charles le Bel, qui étant prêt de mourir en 1328, *remit aux douze Pairs & Hauts Barons de France après avoir eu conseil & avis entre eux, d'en ordonner, & de donner le Royaume à celui qui avoir le doit par droit;* mais même établi & exercé dans le célébre Jugement qu'ils rendirent ensuite en 1328, en faveur de Philippe de Valois; dans le Couronnement de Philippe le Long peu auparavant; & si l'on veut remonter plus haut, & avant même qu'ils portassent le nom de Pairs, dans les fréquens changemens de la seconde Race, & l'exaltation de Hugues Capet.

L'on voit leur prérogative singuliere d'être les Conseillers nés & ordinaires des Rois pour les affaires d'Etat qu'il leur plaît leur communiquer, non-seulement en du Tillet, Choppin, Pasquier, Mathieu Paris, Belcarius, & plusieurs autres Auteurs tant anciens que modernes; mais encore dans les Lettres d'érection du Comté d'Anjou en Pairie en 1297, en celles de Poitou & de la Marche en 1315 & 1316, en celle du Comté de Mâcon en 1359, & dans une infinité d'autres. Mais il n'y a rien qui prouve mieux ce privilége que les actes mêmes, ausquels ils ont exercé cette fonction, comme en 1325, où ils furent reconnus Juges & Arbitres de l'exécution du Traité de Paix que S. Louis avoit fait avec Ferrand Comte de Flandres. La même chose arriva en 1305, sur le différend du Traité fait entre Philippe le Bel & les enfans de Guy, Comte de Flandres. En 1319, le Pape proposa la même chose, mais avec des conditions que l'inviolable fidélité des Pairs envers le Roi leur empêcha d'accepter. En 1361, les Pairs s'obligerent à l'entretien & exécution du Traité de Bretigny entre le Roi Jean, & le Roi d'Angleterre. En 1482. pareille chose est stipulée par le Traité fait à Arras, entre le Roi Louis XI & le Duc Maximilian d'Autriche; & dans une infinité d'autres actes semblables.

Ç'a été l'ancienne observance de ce Royaume, que les Rois adressoient leurs commissions aux anciens Pairs pour assembler les trois Ordres & Etats

Etats de leurs Provinces, & amener avec eux les Députés aux Etats Généraux, & la marque en est encore, en ce que malgré la réunion des anciennes Pairies à la Couronne, leurs Députés sont appelés par le Hérault devant le Roi, & ont rang, séance & voix au même Ordre que les anciens Pairs. En 1534, les Lettres Patentes du Roi, pour convoquer les Etats du Nivernois furent adressées à la Comtesse de Nevers, comme ayant droit & dignité de Pairie. *Voy. Coquille Hist. du Niv.*

La Jurisdiction de la Cour des Pairs, tant pour décider les grandes causes du Royaume, que pour juger des plus grands Princes, & de leurs confreres, est marquée dans un si grand nombre d'actes, qu'il seroit infini de les rapporter.

Leurs prérogatives touchant leurs causes, la dignité de leurs Justices, & les droits de leurs Duchés, sont marquées en plusieurs Lettres des Rois, & dans un grand nombre d'autres actes que l'on trouve dans les Registres.

Leurs rangs ordinaires, & leur prééminence dans le Parlement, se voient aussi dans ces mêmes Registres en une infinité de rencontres depuis son premier établissement.

Et enfin les rangs honorables que les Rois leur ont toujours accordés dans toutes les grandes Cérémonies, & les termes dont ils parlent de ces dignités dans toutes les Lettres d'érection, témoignent assez clairement la prééminence des Pairs par-dessus tout le reste de la Noblesse, comme en étant les Chefs, les premiers Seigneurs, & les Juges naturels. En effet, les Rois ont quelquefois appellé les Pairs, *Latérales*; d'autrefois *des membres & des portions de la Royauté;* en d'autres lieux, *les défenseurs & gardes de la Couronne*, & les *grands Seigneurs de France;* & ils ont nommé les Pairies, les *plus beaux & les hauts titres de l'Etat; les premiers grades d'honneur; les plus éminentes & les suprêmes dignités du Royaume; les plus grandes & plus vénérables récompenses des plus élevés de leurs sujets, & des dignités royales.*

La Pairie actuelle différe de l'ancienne. 1°. Quant à l'*Office*, en ce que les Pairs ont acquis par l'Edit de Septembre 1461 le titre de *Conseillers* au Parlement où ils n'entroient auparavant que comme se prétendant *Conseillers nés* du Roi dans tous ses Conseils. 2°. Quant au *Fief*, en ce que la succession en a été restreinte aux seuls Mâles par l'Edit de Juillet 1566.

Toutes les Dgnités féodales, comme de Duc, de Marquis & de Comte, étant réelles & unies à la glebe d'un Fief, elles peuvent se vendre & s'acheter, lorsqu'elles sont créées pour l'impétrant, *ses successeurs & ayant cause*, que les acquéreurs sont nobles, & par là capables de porter ces titres, & que les Rois les en reçoivent en foi & hommage. Mais la Pairie est plus personnelle que réelle, plus attachée aux familles qu'aux terres. Bien loin de pouvoir passer à des acquéreurs & des étrangers, elle ne peut pas même, suivant l'usage, passer en collatérale, quelques termes d'*ayant cause* que porte l'érection; desorte que si un Duché Pairie passe en d'autres mains que de ceux de la ligne, la Pairie s'éteint & la terre n'est plus que Duché.

Les différentes acceptions du mot *Parlement* ont donné lieu à confondre *la Cour des Pairs* avec la *Cour du Roi*, soit parce que les Pairs entrent dans l'une & dans l'autre, soit parce qu'elles se tiennent ordinairement dans les mêmes Palais. Le Parlement a eu raison de les distinguer (p. 18), & de se borner à être la Cour du Roi. Cette distinction se prouve par les déclinatoires de l'une à l'autre, & par les Arrêts de renvoi ou de débouté des . . . 1259, 10 Juillet 1317 & 22 Janvier 1322.

Celle des Pairs ne se tient qu'en Lit de Justice. Le Roi seul y préside. Les Pairs y précédent tout autre, même les Grands Officiers de la Couronne, Connétable, Chancelier, &c. lesquels y ont à la vérité séance, * mais non pas au rang des Pairs, à moins qu'ils n'aient quelqu'autre qualité, telle que celle de Pair ou de Cardinal, auxquels cas ils montent sur les hauts sieges, comme aux Lits de Justice des 19 Mai 1339, 16 & 20 Décembre 1527.

* Jugé en 1224.

Le Chancelier par sa charge n'y est que comme organe du Roi. Il n'y opine point; il recueille seulement les opinions des Princes, des Pairs & des Assesseurs, & la volonté du Roi; après quoi il prononce au nom du Roi, en face & aux pieds duquel il siege.

Les Pairs au contraire y siegent à côté du Roi, comme étant avec lui seuls Juges naturels & ordinaires des grands affaires de l'Etat, & quoique pour lui parler ils commencent, comme tout autre, par se découvrir & mettre un genouil en terre, il leur donne cette marque de distinction d'ordonner qu'ils s'asseient & se couvrent.

Les Officiers de Parlemens & d'autres Cours n'y assistent que comme Assesseurs, & n'y ont que des fonctions précaires. Aussi n'y sont ils placés que sur les bas sieges, & ils n'y parlent que debout & découverts.

On ne conçoit pas comment les Présidens à Mortier qui n'y paroissent que comme Conseillers, ont pu persuader aux autres Conseillers de se séparer, en mettant les Pairs entre deux. Aussi l'Arrêt du 26 Avril 1664, qui maintient les Pairs dans la préséance immédiate après les Princes, & dans le droit d'opiner avant tout le Parlement, a-t-il été confirmé par Edit enregistré au Lit de Justice du 26 Août 1718.

FIN.

E R R A T A.

Pag. 5. lig. 31. *voulant* lisez *voulurent*
Pag. 6. lig. 19. après *temoigné* ajoutez *desirer.*

www.ingramcontent.com/pod-product-compliance
Lightning Source LLC
LaVergne TN
LVHW012114170826
845678LV00001BA/152

* 9 7 8 2 3 2 9 7 6 9 2 1 9 *